—Et regalo un castell gòtic Gala.

—Accepto amb una condició, que només vinguis a visitar-me al castell amb invitació.

—Accepto, ja que accepto en principi tot a condició que hi hagi condicions. És el principi mateix de l'amor cortès.

Dalí al seu estudi de Portlligat, 1971.

# Guia

Text Antoni Pitxot i Montse Aguer   Fotografies Jordi Puig

# Castell Gala Dalí
## Púbol

TRIANGLE▼BOOKS

**Guia**

# Castell
# Gala Dalí

## Púbol

**El refugi de la dona visible**
Pàg. 9

**EL GARATGE**
Pàg. 33

**CAMBRA DE BANY I TOCADOR**
Pàg. 65

**LA ZONA DE L'OFFICE**
Pàg. 95

# El refugi de la dona visible

**E**l castell de Púbol és el segon vèrtex de l'anomenat triangle dalinià. Per ordre cronològic, aquest triangle es conforma primer amb la casa del pintor a Portlligat; segon, amb el castell de Púbol destinat a Gala, i on, a la seva mort, es trasllada el pintor fins l'any 1984; i tercer, amb el Teatre-Museu Dalí de Figueres, que s'inaugura el 28 de setembre de 1974.

El castell de Púbol —un edifici medieval adquirit l'any 1969, on Dalí materialitza un desbordant esforç creatiu pensant en una persona, Gala, i en una funció, un lloc adient per al descans i el refugi de la seva esposa— entusiasma Gala, a la qual agrada especialment el jardí i les flors, sobretot les roses, que li recorden un jardí de Crimea on durant la seva infantesa havia passat les vacances d'estiu. Gala freqüenta el castell, el seu espai i refugi, entre el 1971 i el 1980, habitualment amb curtes estades durant l'estiu, on rep algun dels seus amants.

La versatilitat creativa de Dalí, d'altra banda, atorga al conjunt arquitectònic de Púbol una altra lectura i és en aquest sentit que es pot destacar la narrativa condensada que hi ha en aquesta creació: no és simplement un habitatge més, no és només una acumulació d'objectes —tot i que en espais molt concrets volgudament n'hi ha—, és el castell una construcció, reconstrucció, on s'ha volgut dotar de sentit a un espai, i Gala, en aquest cas, ha estat part activa en acabar de conferir multiplicitat de significats al castell, d'intervenir en l'obra, de manera que aquesta arquitectura s'imbrica en la biografia de Dalí i Gala i forma part indestriable de la darrera etapa d'ambdós personatges.

*Le Vogué de Salvador Dalí*, «Numéro du cinquantenaire 1921/1971 réalisé par Salvador Dalí», *Vogue*, París, desembre 1971 - gener 1972.

Algunes de les altres claus per entendre aquest univers, auster i bell alhora, ens les dona el propi Dalí —al número especial de *Vogue* publicat l'any 1971 per celebrar el cinquantenari de l'edició francesa de la revista— quan narra com porta Gala amb els ulls tapats a Púbol, li ofereix com a regal el castell i tot seguit explicita que «Gala em va agafar la mà i em va dir de cop i volta: "Gràcies un cop més. Accepto el castell de Púbol però amb una sola condició: que només vindràs a visitar-me al castell per invitació escrita". Aquesta condició, que afalagava sobretot els meus refinaments masoquistes, em va entusiasmar, Gala es convertia en el castell inexpugnable que no havia deixat mai de ser. La intimitat i, sobretot, les familiaritats, fan disminuir totes les passions. El rigor sentimental i les distàncies, com demostra el cerimonial neuròtic de l'amor cortès, fan créixer la passió»[1]. La imatge de Gala com a castell inexpugnable l'emblematitza Dalí en una fotografia de Gala jove, exposada a la biblioteca del castell, sobre la qual escriu «Tête a chateau (sic)».

[1] DALÍ, Salvador, *Le point de vue de Dalí*, « Vogué: Numéro du cinquantenaire 1921/1971 réalisé par Salvador Dalí », *Vogue*, Paris, desembre 1971 - gener 1972, p. [175]. Traduït a: DALÍ, Salvador, *Obra completa*, vol. IV, *Assaigs 1*, Ediciones Destino, Fundació Gala-Salvador Dalí, Barcelona, Figueres, 2005, p. 821.

salle de bains et qui
seront peints en noir
(les trésors devant
toujours être cachés
d'après les règles
d'alchimie).
6) De même elle
me demande à titre
purement amical un
plafond de 20 mètres
pour le musée de
Dalí à Figueras
où, pour le même
prix, Dalí et Gala
vont être entière-
ment percés de
tiroirs magiques
afin de pouvoir
déverser sur ma
ville natale le
trésor que
nous som-
mes.

*Le Vogué de Salvador Dalí,* «Numéro du cinquantenaire 1921/1971 réalisé par Salvador Dalí»,
*Vogue,* París, desembre 1971 - gener 1972.

i call my wife Gala, Galuchka, Gradiva
(because she has been my Gradiva) Olive (because of the oval of her face and the color of her skin) Olivette, the Catalonian diminutive of olive; and its illustrious derivatives Olihuette, Orihuette, Buribette, Buribueta, Suliueta, Solibubuleta, Oliburibuleta, Liuetta, i call her Lionette (little Lion) Because she roars like the Metro-Goldwyn-Mayer lion when she angry; Squirrel, Tapir, Little Negus (because she resembles a lively little forest animal) Bee because she brings me all into the honey of my thought in the busy hive of my brain

"Regard perceur de murailles"
Paul Eluard

She brought me the rare book on magic that was in the Process of elaboration the paranoiac immage tha my subconscius wished for, the photograph of an unknown Painting destined to reveal a new esthetic enigma, the advice tha would save one of my too Subjective images from romanticism. i also call Gala Noisette Poilu — Hairy Hazlenut (because of the very fine down tha covers the hazlenut of her cheets); and also "Fourk Bell" (because she reads to me aloud during mi long sessions of painting, making a murmur ad of a fur bell be estate of which i Learn all the things tha bat for her i should Never Know) Dali

*Le Vogué de Salvador Dalí*, «Numéro du cinquantenaire 1921/1971 réalisé par Salvador Dalí»,
*Vogue*, París, desembre 1971 - gener 1972.

# Gala,
## la dama del castell[2]

**G**ala, nascuda Elena Ivànovna Diàkonova, és la dona enigmàtica i fascinant que avui ens continua atraient i encuriosint pel mite que en certa mesura, i amb el seu silenci, ella mateixa ha contribuït a engrandir. Sabem d'ella a través dels testimonis d'aquells que la van conèixer i amb qui es va relacionar al llarg de la seva vida; les seves amigues d'infantesa, la poetessa Marina Ivànovna Tsvetàieva i, la seva germana Anastàsia o la pròpia germana de Gala, Lidia. També gràcies als poemes, les dedicatòries i la correspondència del seu primer marit[3], el poeta francès Paul Éluard[4], i dels seus amics, els poetes René Crevel i Joë Bousquet, entre d'altres. Així mateix, a partir del 1929, seguim les seves empremtes de la mà de Salvador Dalí i dels seus escrits autògrafs, conservats al Centre d'Estudis Dalinians. Aquests ens rebel·len alguns dels seus records d'infantesa i de la seva vida a Amèrica al costat de Dalí, alhora que ens descobreixen els seus sentiments més secrets i íntims.

Gala neix a Kazan el 18 d'agost de 1894, té dos germans més grans, Vadim i Nicolai, i una germana més petita, Lidia. El seu pare mor quan ella no té encara 10 anys i la seva mare es casa novament amb un advocat moscovita, Dimitri Íllitx Gomberg —de qui Gala adopta el patronímic—, burgès liberal amb qui manté molt bona relació. Alumna brillant, rep la seva formació educativa a l'institut femení M.G. Brukhonenko de Moscou on comparteix aula i amistat amb l'escriptora Anastasia Tsvetàieva i, la seva germana, la poetessa Marina Tsvetàieva. Acaba els seus estudis amb una mitjana de notable alt i, mitjançant decret del tsar, és facultada per exercir de mestra d'ensenyament primari i fer classes al seu domicili.

La seva passió per la lectura, que cultivarà des de ben jove i al llarg de la seva vida, es deu en bona mesura a la seva mare. Degut al seu delicat estat de salut ha de restar convalescent durant llargs períodes de temps. És el 1912, quan la seva família decideix ingressar-la al sanatori de Clavadel, a Davos, Suïssa, on coneix el jove poeta Eugène Grindel, que serà conegut amb el nom de Paul Éluard. L'edat i la passió per la literatura i la poesia els uneixen. El 1914 ambdós són donats d'alta, Gala retorna a Rússia i Éluard s'incorpora al front, però abans s'han promès. L'esclat de la Primera Guerra Mundial no els ajuda. Les famílies tampoc no ho veuen amb bons ulls. Això no obstant, i malgrat totes les dificultats Gala es trasllada de Moscou

---

[2] Aquest tema va ser analitzat llargament en el catàleg: AGUER, Montse; DE DIEGO, Estrella. *Gala. Àlbum.* Distribucions d'Art Surrealista, Figueres, 2007. I, més recentment al catàleg: CRESPO, Bea; SILVESTRE, Clara, «Gala: la cronologia», a DE DIEGO, Estrella. *Gala Salvador Dalí. Una habitació pròpia a Púbol*, Museu Nacional d'Art de Catalunya, Barcelona, 2018.

[3] Publicada a ÉLUARD, Paul, *Lettres à Gala*: 1924-1948, Gallimard, París, 1984.

[4] Paul Éluard (1895-1952). Pseudònim amb el qual és conegut l'escriptor i poeta Eugène Grindel. Després de participar en la Primera Guerra Mundial, entra en contacte amb altres escriptors com André Breton, Tristan Tzara o Louis Aragon, amb els quals és membre actiu de diversos moviments d'avantguarda, especialment del dadaisme i el surrealisme. Entre els seus principals escrits podem destacar: *Le Devoir et l'Inquiétude* (1917), *Capitale de la douleur* (1926), *L'Immaculée Conception*, amb André Breton (1930), *Cours naturel* (1938), *Poésie et Vérité* (1942) o *Les Sentiers et les Routes de la poésie* (1954).

Púbol.

Salvador Dalí pintant la tela per al sostre de la sala dels Escuts.

Construcció dels elefants del jardí de Púbol, a Portlligat.

a París, on la parella es casa l'any 1917 i el 1918 neix la seva única filla, Cécile. Es relacionen amb els capdavanters dels moviments d'avantguarda, els dadaistes i surrealistes, i Gala no és només la seva companya sinó que també assisteix i participa a moltes de les seves reunions. El 1922 comença una relació amb el pintor Max Ernst que es trenca el 1924. Testimoni de la influènica activa que exerceix sobre el seu entorn immediat és la pintura d'Ernst, *Au Rendez-vous des amis* de 1922, on hi apareix representada, com a única dona, juntament amb els membres del futur grup surrealista.

La relació amb Éluard es manté fins al 1929 tot i que queda trasbalsada pel triangle amorós, epíleg del qual es reflecteix al llibre *Au Défaut du Silence* (1925), compost per versos d'Éluard i il·lustracions d'Ernst.

No és fins al 1929 que coneix Salvador Dalí. El mes d'abril, el pintor viatja a París per presentar la pel·lícula que ha fet juntament amb Luis Buñuel, *Un chien andalou*, i allà el galerista i poeta belga Camille Goemans li presenta Paul Éluard. Dalí els convida a passar l'estiu a Cadaqués. Goemans i la seva companya, René Magritte i la seva muller, Luis Buñuel, Paul Éluard i Gala, amb la seva filla Cécile, hi passen una temporada. Quan el pintor coneix Gala, queda totalment trasbalsat i se n'enamora. Escriu a la seva autobiografia *La vida secreta de Salvador Dalí*: «Estava destinada a ésser la meva Gradiva, "la qui avança", la meva victòria, la meva esposa»[5] (aquest nom prové del títol de la novel·la homònima de W. Jensen, on Gradiva, l'heroïna, possibilita la cura psicològica del protagonista). Gala roman sempre més al costat del pintor. El 1934 es casen pel civil. A partir d'ara la seva biografia va lligada a la de Dalí i a la seva consagració com a pintor tant a França com, més tard, a la dècada de 1940, als Estats Units. El 1948 tornen d'Amèrica. L'any 1958 es casen al santuari dels Àngels, molt a prop de Púbol. És el 1969 quan el pintor compra el castell de Púbol per a Gala, acomplint la promesa que li havia fet durant els anys trenta. Per a la restauració de l'edifici compten, una vegada més, amb el constructor Emilio Puignau. La implicació de Gala en la rehabilitació i decoració del castell és absoluta, supervisant i gestionant tot el procés constructiu. En una carta adreçada a Puignau, li expressa la responsabilitat que tenen en aquest nou projecte en comú: «Com us n'haureu adonat, Púbol és el meu "cavall de batalla"; el nostre, millor dit. Estic fascinada per les possibilitats que aquesta casa en runes pot donar, també en pot sortir un monstre. Fins ara, treballant plegats, sempre hem triomfat, a Portlligat. Aquesta petita casa s'ha fet famosa, es veu reproduïda per tot arreu, encara ara. Per tant, tenim una gran responsabilitat d'un nou i grandiós èxit, vós i jo»[6]. A partir de 1971 i fins el 1980, Gala hi passa algunes temporades, habitualment a l'estiu. El 1974 es finalitzen les obres del jardí. L'any 1982 Gala mor i hi és enterrada.

Gala ha estat considerada sempre la musa de Salvador Dalí, una musa inspiradora i una dona misteriosa, adjectiu tòpic, però que defineix bé una de les comeses que assoleix al costat del pintor. Estimada per uns, odiada per altres, mai no deixava indiferent. Va ser una dona de gran intuïció que va saber reconèixer el geni artístic i creador d'artistes i intel·lectuals com ara Paul Éluard, Max Ernst, Giorgio de Chirico, René Char, René Crevel o Salvador

[5] DALÍ, Salvador, *La vida secreta de Salvador Dalí*. A *Obra completa*, vol. I, *Textos autobiogràfics 1*, Ediciones Destino, Fundació Gala-Salvador Dalí, Barcelona, Figueres, 2003, p. 622.

[6] Traduït de: Carta de Gala a Emilio Puignau, autògrafa, 17/02/1970 (Figueres, Centre d'Estudis Dalinians, Fundació Gala-Salvador Dalí).

Salvador Dalí i Gala davant de l'obra *Cos hipercub (basat en el tractat sobre la forma cúbica de Juan de Herrera, constructor de El Escorial)* al Palazzo Pallavicini Rospigliosi, Roma, 1954.

Gala. Quadern manuscrit publicat pòstumament com *La vida secreta: diari inèdit* (2011), dècada de 1940.

Dalí, per esmentar-ne només alguns. Paul Éluard descriu la seva mirada com «Visage perceur de murailles»[7] (mirada perforadora de muralles), una mirada immortalitzada pel fotògraf americà Man Ray i, delineada en les creacions que Max Ernst li va dedicar.

Dalí, al llarg de la seva autobiografia, ens dona diverses visions de Gala, la mitifica i en construeix un element iconogràfic de la seva obra per explicar-se ell mateix i per explicar els seus conceptes artístics i intel·lectuals. Primer apareix com a exemple de les «serenes perfeccions del Renaixement»[8]. A la segona part, Gala se'ns presenta de maneres diferents que, com un trencaclosques, acaben conformant una personalitat determinada. Dalí ens parla de Gala en relació amb el desig i el descobriment de l'acte sexual:

«Li vaig besar la boca, l'interior de la boca. Era la primera vegada que ho feia. Fins aleshores no havia sospitat que es pogués besar d'aquella manera. D'un sol bot, tots els Parsifals dels meus desigs eròtics, frenats i tiranitzats tant temps, es van aixecar desvetllats pels xocs de la meva carn»[9]. «Gala havia començat a explicar-me minuciosament les raons del seu desig i se m'acudí de sobte que ella també tenia el seu món interior de desigs i fracassos i es movia amb ritme propi entre els pols de la lucidesa i la bogeria»[10].

A continuació, també a la seva autobiografia, el Dalí més surrealista, i amb un to irònic, associa el menjar amb l'ésser estimat, que ha de ser devorat per arribar així a l'amor total, a la fusió dels éssers estimats. Però alhora Dalí ens presenta una Gala diferent, més complexa, molt més propera al que ell anomena el principi de realitat:

«Des dels dies de Màlaga m'havia fet deixeble de Gala. Ella m'havia revelat el principi del plaer. Ella també m'ensenyà el principi de la realitat en totes les coses (...) També m'ensenyà el "principi de la mesura" que dormitava en la meva intel·ligència. Ella era l'Àngel de l'Equilibri, el precursor del meu classicisme»[11].

No podia faltar tampoc la Gala, model i musa. Una musa inspiradora, la qual, sempre segons Dalí, «descobreix i em porta totes les essències que es converteixen en la mel del meu pensament, en el rusc atrafegat del meu cervell»[12]; li porta així mateix «el rar llibre de màgia que havia de donar la meva màgia»[13] i «llegeix per a mi en veu alta durant les llargues sessions dela meva pintura, produint un mormol com de campana de pell, gràcies al qual aprenc totes les coses que, sense ella, no arribaria a saber mai»[14]. Una visió que ens remet a un aspecte no massa destacat de Gala: una Gala culta, relacionada amb cercles d'intel·lectuals i artistes, sobretot amb el grup surrealista a l'entorn d'André Breton. Una Gala encoratjadora, tenaç, col·laboradora inseparable i amatent de l'artista: «(...) Gala i jo ens n'anàrem a la botiga Bonwit-Teller, on muntaven els meus dos aparadors. Vaig concebre sobre el terreny tot de nous invents lírics i vam donar els tocs finals a les dues exhibicions fins a les sis del matí. Gala s'havia esquinçat completament el vestit en el seu desfici per clavar i suspendre joies falses pertot arreu. Morts de cansament, ens en vam anar al llit»[15].

---

[7] ÉLUARD, Paul; ERNST, Max. (il.), *Au Défaut du Silence*, París, 1925, p. 11.

[8] *Cit. supra.*, n. 5, p. 233.   [9] *Cit. supra.*, n. 5, p. 640.   [10] *Cit. supra.*, n. 5, p. 642.

[11] *Cit. supra.*, n. 5, p. 759-760.   [12] *Cit. supra.*, n. 5, p. 647.   [13] *Ib.*   [14] *Ib.*   [15] *Cit. supra.*, n. 5, p. 857.

Alhora una gran impulsora i un motor per a Dalí, que estava determinada a tirar endavant la resta dels seus dies amb el pintor i ajudar-lo en la seva consagració internacional:

«Només Gala era el testimoni de les meves fúries, les meves desesperacions, els meus èxtasis fugaços i les meves recaigudes en el pessimisme més amarg. Només ella sap fins a quin extrem es feu la pintura per a mi en aquesta època una raó de viure, mentre al mateix temps es feia una raó encara més ferotge i insatisfeta d'estimar-la a ella, Gala, car ella i només ella era la realitat; i tot el que els meus ulls eren capaços de veure era "ella", i era el retrat d'ella el que seria la meva obra, la meva idea, la meva realitat»[16].

També existeix una Gala marxant, gestora econòmica de la parella: «Jo, com totes nosaltres, les dones russes, personalment ajudo en tot el meu marit. Haig de fer-ho i a més m'agrada. Amb freqüència li serveixo de model, faig de secretària en tot allò relacionat amb la part pràctica de la nostra vida, perquè ell, com pots veure, està totalment submergit en el món creatiu, en la feina. No és capaç d'ocupar-se d'aquestes bajanades. Jo tampoc soc gaire brillant però vivim com tots els artistes, treballem per a allò que és més important: la possibilitat que un talent pugui expressar-se»[17]. Alhora una Gala creadora, amb obra pròpia i, compartida, en els dibuixos *cadvre exquis*, amb vocació clara d'escriptora que ens remet a la seva breu però insubstituïble autobiografia, *La vida secreta: diari inèdit*, que havia restat inèdita fins fa ben poc. I una Gala editora: ordena textos de Dalí, els corregeix, en té cura, li dona indicacions i li facilita la tasca per publicar, com per exemple en el llibre *La Femme visible* de 1930.

Podem afegir que, a més a més, Gala és una persona interessada pel món de la clarividència, del tarot i del joc. Salvador Dalí ens parla de la «seva intuïció de mèdium»[18]. Una persona qualificada molt sovint d'esquerpa, dura i antipàtica, que se separa de la seva única filla, Cécile. Una Gala vulnerable, que cerca l'eterna joventut, i així ho expressa en els seus escrits: «Sí, hom pensa que soc una fortalesa ben defensada, perfectament organitzada, quan —a tot estirar— podria ser una petita torre vacil·lant que, per pudor, mira de cobrir-se d'heura espessa, amagar les seves parets ja deteriorades i trobar una mica de soledat»[19]. I una Gala independent, que lluita tota la vida per triar què i a qui vol; una dona que es relaciona amb les seves parelles més enllà dels límits establerts per la moral convencional, una dona que, segons Dalí, «ha construït tot l'èxit de la meva vida».

---

[16] *Cit. supra.*, n. 5, p. 874.

[17] Esborrany de carta de Gala al seu pare, Dimitri Íllitx Gomberg, *c.* 1945. (Figueres, Centre d'Estudis Dalinians, Fundació Gala-Salvador Dalí). Traduït a: DALÍ, Gala, *La vida secreta: diari inèdit*, Fundació Gala-Salvador Dalí, Galaxia Gutenberg, Círculo de Lectores, Figueres, Barcelona, 2011, p. 19.

[18] *Cit. supra*, n. 5, p. 622.

[19] Traduït de: Escrit autobiogràfic de Gala, autògraf [dècada de 1970], (Figueres, Centre d'Estudis Dalinians, Fundació Gala-Salvador Dalí).

Perspectiva del jardí.

# EL CASTELL

**E**l castell de Púbol és, de l'anomenat triangle dalinià, l'indret associat a Gala més auster i relacionat sobretot amb la darrera fase creativa de l'artista. És el lloc quc Dalí ofereix a la seva dama, el que li ret en homenatge, un lloc d'aïllament, malenconiós, d'aires proustians, de recerca d'un món perdut, de projecció subjectiva.

Dalí fa referència al castell en la seva obra escrita i és interessant comprovar com el 1973 a *Comment on devient Dalí (Confessions inconfessables)* el presenta com una continuació de Portlligat —precisament a través de la sala Rodona o Oval, el lloc de Gala—, entès com un espai destinat a la seva dama i a un ideal amorós. Aquesta associació queda ben explícita al paràgraf següent:

«Tot celebra el culte de Gala, fins i tot l'habitació rodona, d'eco perfecte, que corona el conjunt de l'edificació i que és com una cúpula d'aquesta catedral Galà-ctica; i quan em passejo per aquesta casa, em miro i veig la meva concentricitat. M'agrada el seu rigor moresc. Em faltava oferir a Gala un estoig més solemnement digne del nostre amor. Per això li vaig regalar una mansió edificada sobre les restes d'un castell del segle XII, a la Bisbal, l'antic castell de Púbol, on ella regnava com a sobirana absoluta, fins al punt que jo no la visito si no és amb una invitació escrita de la seva mà»[20].

I en l'article abans esmentat per al número especial de *Vogue* afegeix:

«Des del meu període surrealista, he signat els meus millors quadres: Gala Salvador Dalí. No cal ser Sartre per afirmar que el nom és la persona, però sí que cal ser Dalí per afirmar que la superpersona, el superhome de Nietzsche i la superdona daliniana són el seu castell»[21].

El castell de Púbol és, doncs, un lloc molt significatiu en la creació daliniana: una continuació de Portlligat amb personalitat pròpia. És el regal de Dalí a Gala, la seva dama, a qui ret vassallatge i al qual no pot accedir sense permís escrit d'ella. En aquest sentit és il·lustratiu el text autògraf de Dalí, « Le chateau de Gala, la Gala du chateau (sic) », en el llibre de Jean-Charles Pichon, *L'Homme et les dieux* [22] en el qual l'artista fa referència a Gala i al castell:

«—Et regalo un castell gòtic Gala.
—Accepto amb una condició, que
només vinguis a visitar-me al castell
amb invitació.
—Accepto, ja que accepto en principi tot
a condició que hi hagi condicions. És el
principi mateix de l'amor cortès».

[20] DALÍ, Salvador; PARINAUD, André. *Confessions inconfessables*. A *Obra Completa*, vol. II, *Textos autobiogràfics 2*, Ediciones Destino, Fundació Gala-Salvador Dali, Barcelona, Figueres, 2003, p. 689.

[21] *Cit. supra.*, n. 1, p. 821.

[22] PICHON, Jean-Charles. *L'Homme et les dieux*, Robert Laffont, París, 1969.

El conjunt arquitectònic del castell de Púbol està format per l'actual església parroquial, la masia-palau fortificada envoltada d'un jardí murat i l'edifici adjunt conegut com a Delme. Al seu voltant, s'hi agombolen les cases protegides per les restes de la muralla medieval, i, emmarcant el conjunt, la riera, amb la seva vegetació característica, on els protagonistes són els pollancres (que donen nom al poble, Púbol) i altres arbres propis d'un ecosistema humit. Tot plegat completa aquesta icona de poble empordanès marcadament medieval, on encara podem trobar restes del primer recinte murallat o nombrosos vestigis arquitectònics del moment de màxim esplendor de la baronia, a finals del segle XIV, començaments del XV. Dalí fa present en diverses ocasions aquest conjunt en la seva obra tant pictòrica com escrita.

La primera percepció del castell la tenim en pujar per l'actual carrer Gala Dalí, des d'on veiem el mur oest de la masia protegida pels merlets del Delme i les restes del matacà que segurament protegia l'entrada principal. El carrer amb llambordes ens condueix a la porta principal d'accés, on descobrim una placeta, altre temps cementiri, presidida per l'església gòtica

22

Púbol.

i limitada al nord per les restes de la muralla, un tram de la qual van esbotzar els veïns mateixos, i al sud, pels murs de les estances privades de Gala. Justament en un d'aquests murs del castell encara podem descobrir una cavitat amb les restes, segons la llegenda popular, de tres calaveres d'uns bandolers ajusticiats i exposats a l'escarni públic.

Ja davant la façana principal, les paraules de Dalí, narrades per Emilio Puignau, constructor i amic de l'artista, ens fa més entenedors els seus desitjos: «(...) he vist a la façana quelcom sublim: no solament està esquerdada, sinó que forma una rebava a l'esquerra que dona la impressió que aquí hi ha hagut un cataclisme, un terratrèmol, que una part va aguantar ferma i l'altra es va separar i desplomar. Per tant, això no s'ha de tocar, s'ha de deixar tal com està» [23].

[23] Puignau, Emilio, *Vivències amb Salvador Dalí*, Juventud, Barcelona, 1995, p. 107-108.

# L'ENTRADA I EL PATI

En entrar al recinte, ens trobem en una terrassa emmerletada presidida pels rosers multicolors i l'espígol aromàtic que engalanen la façana principal del castell per desig exprés de Gala. Colors i aroma a través dels quals evoca les vacances infantils a les ribes del mar Negre. Des d'aquí podem començar a intuir el plantejament romàntic que Salvador Dalí vol donar a tot el conjunt i el paper determinant de Gala en la seva execució. Des del punt de vista d'acabat arquitectònic, l'artista empordanès dona gran importància a la idea de ruïna —com al Teatre-Museu Dalí, hi ha la concepció de rehabilitar un edifici més o menys ruïnós, respectant escrupolosament l'aspecte deteriorat pel pas del temps— que ell anomena els signes i els estigmes del temps.

L'exterior del castell de Púbol, a diferència de la casa dels Dalí a Portlligat, reflecteix el pragmatisme de Gala, que vol un edifici auster que passi desepercebut i protegeixi la seva intimitat. Pel que fa al jardí, Dalí desborda l'estructura a la francesa del jardí original dels barons de Púbol per transformar-lo en un jardí inspirat en l'experiència estètica i dels sentits que li van quedar gravats després de la seva visita als jardins de Bomarzo, prop de Roma. També s'inspira en tota la tradició del bestiari, tan popular a l'edat

Façana principal del pati.

mitjana. Alhora un aire decadent, que remet al compositor Richard Wagner i al rei Ludwing II, i també a Luchino Visconti [24], envaeix tot l'ambient, tant en el jardí com en tot el castell en general.

La porta adovellada de la façana dels rosers està flanquejada per dues menes de mènsules antigues acabades en forma de cap humà amb bigotis, que semblen caricatures de Dalí.

[24] Dalí va treballar amb el director de cinema i de teatre Luchino Visconti l'any 1948 realitzant el vestuari i el decorat de l'obra de William Shakespeare, *Al vostre gust*, dirigida per l'italià.

Escultura situada a la teulada del pati.

Tartana dels barons de Púbol.

Aquesta entrada ens condueix al primer porxo en què Gala hi va fer pintar, a mode de divertiment, un cel estrellat. Aquí hi trobem la tartana dels barons de Púbol que Dalí va conservar al seu lloc (element iconogràfic, la tartana, que apareix en diferents olis de l'artista). Al costat hi ha el pou i una estàtua de guix molt semblant a l'escultura en marbre *Adolescent nu* (*c.* 1500) avui conservada al Museo del Prado de Madrid. Aquesta mateixa escultura la trobem a la teulada —visible des de l'interior del pati— al garatge i, fragmentada en dues parts, a l'eixida i a l'accés a la cripta.

Des d'aquí també es pot accedir a les antigues cavallerisses del castell, avui utilitzades com a consigna, on es conserva un cavall blanc dissecat, regal del pintor Joan Abelló a Dalí. Durant els anys que Gala i Dalí van estar a Púbol, aquest cavall també havia estat disposat a l'entrada de l'escala que accedeix a la cripta on és enterrada Gala.

El primer porxo ens obre l'accés al pati central empedrat, de planta trapezoïdal, que és l'eix a partir del qual s'estructura i es distribueix l'edifici: una planta baixa i dos pisos amb els quals Dalí jugarà per crear els espais adequats per a la residència de Gala al primer pis, reduint el segon a la mínima superfície amb una funció més de golfes. El pati conserva l'aire medieval que defineix tot el poble.

L'element més característic del pati és la façana principal gòticorenaixentista, amb l'escut de la baronia del tombant del segle XIV al XV, llinatges Campllong-Corbera-Requesens, l'escala d'accés a la planta noble i la porta de l'actual botiga. A la banda sud, aquest pati compte amb un segon porxo per sortir al jardí on hi ha l'entrada per baixar a la cripta.

Salvador Dalí. *Púbol de Gala, c.* 1971.

Escut de la baronia de Púbol.

# EL GARATGE

**E**n temps de Gala, es podia arribar al garatge de la casa tant des del jardí com des d'una habitació anomenada la sala Persa, actualment botiga del Castell Gala Dalí de Púbol. S'anomenava així per la decoració de caire oriental amb coixins i un llarg sofà. A la botiga es conserva part de l'antiga decoració com ara un llum de sostre amb vidres de colors, que recorda els llums tipus fanal de l'arquitecte modernista Josep Puig i Cadafalch.

La finestra que uneix aquesta sala i el garatge és la prova que en algun moment havia existit una presó en els baixos de la casa senyorial, ja que, segurament, un petit forat a la finestra permetia de fer arribar el plat de menjar als reclusos sense necessitat que el carceller hi entrés.

En aquest espai allargassat, amb una volta que conserva l'encofrat de canyes, hi trobem una vella calessa, anomenada pel pintor «La calessa dels oblidats», deixada pels antics propietaris del castell. La calessa només va sortir una vegada des que Dalí i Gala es van quedar el castell, amb motiu de la sessió fotogràfica per al número especial, abans esmentat, de la revista *Vogue*. Ho va fer pel jardí, conduïda per dos cavalls d'un pagès i menada per Gala. A més de Gala i el pintor, hi anaven també Emilio Puignau i Arturo Caminada, amic i majordom, i el matrimoni Bosch, cuidadors del castell i servei de confiança de Gala. Marc Lacroix va fotografiar l'instant, que Dalí va descriure amb aquestes paraules: «Aquí, jo estic al darrere, com a servent de Gala, com a lacai. Gala dirigeix a tothom, té el fuet a la mà»[25].

Al garatge també hi podem veure altres mitjans de locomoció més moderns, com ara els cotxes utilitzats pels Dalí, per a trajectes curts o bé

El Cadillac Sedan Deville, al garatge.

per fer encàrrecs. De fet Gala era qui conduïa, o bé, més tard, Arturo Caminada. Durant molt de temps hi havia aparcat un utilitari de color taronja de la marca Datsun per la qual Dalí va realitzar un anunci publicitari per a la televisió americana l'any 1972. Actualment es troba a l'exterior, al costat del garatge.

L'altre cotxe és un Cadillac blau, matrícula 8942 del Principat de Mònaco, un model Sedan Deville adquirit per 10.000 dòlars el 1976 als Estats Units. Es va posar en circulació el 16 de març d'aquell any amb la matrícula 568 YUL-USA a nom de Mrs. Helen Dalí, domiciliada a l'Hotel Saint Regis. Però el 1977, quan els Dalí van fixar la residència

[25] Traduït de: *Dalí, Lacroix, Gala: el privilegio de la intimidad*, Fundación Eugenio Granell, Santiago de Compostela, 2000, p. 58.

a Montecarlo (al 36 de la rue des Remparts), van traslladar el cotxe a Europa i van canviar la matrícula per l'actual. Entre els viatges d'aquest vehicle destaca el del 10 de juny de 1982, quan va ser utilitzat com a cotxe mortuori per traslladar el cos de Gala de Portlligat fins a Púbol.

La presència de l'automòbil en l'obra de Dalí és significativa i constant al llarg de la seva producció artística. La trobem ja en pintures primerenques, com ara a *Banyista* (1924), retrat del seu amic Joan Xirau, o a *Noia de Figueres* (1926). Dalí enriqueix els múltiples significats que s'atribueixen al cotxe i aplica el seu mètode paranoic i crític i la seva especial concepció del món. Així, utilitza el cotxe fossilitzat que apareix a *La memòria de la dona-infant* (1929) i a *L'automòbil fòssil del Cap de Creus* (1936) per estendre en el temps la presència mineral i intemporal de les roques del cap de Creus. La presència de màquines dinàmiques a la seva obra —com ara vehicles o avions— crea una dissociació d'idees. Uneix la matèria fòssil, el temps immemorial, amb l'element més recent en la història de l'home: la màquina que proporciona mobilitat. El contrast d'idees i imatges serveix per despertar la imaginació de l'espectador, per provocar-lo.

Dalí també utilitza l'automòbil per a la creació del *Taxi plujós*, que va presentar a l'*Exposició Internacional del Surrealisme* de París el 1938. Successivament, va fer noves interpretacions d'aquesta obra, la darrera de les quals es troba al pati de butaques del Teatre-Museu Dalí de Figueres des del 1974. Es tracta del famós Cadillac que forma part de la instal·lació que presideix aquest espai.

Llum de sostre amb vidres de colors.

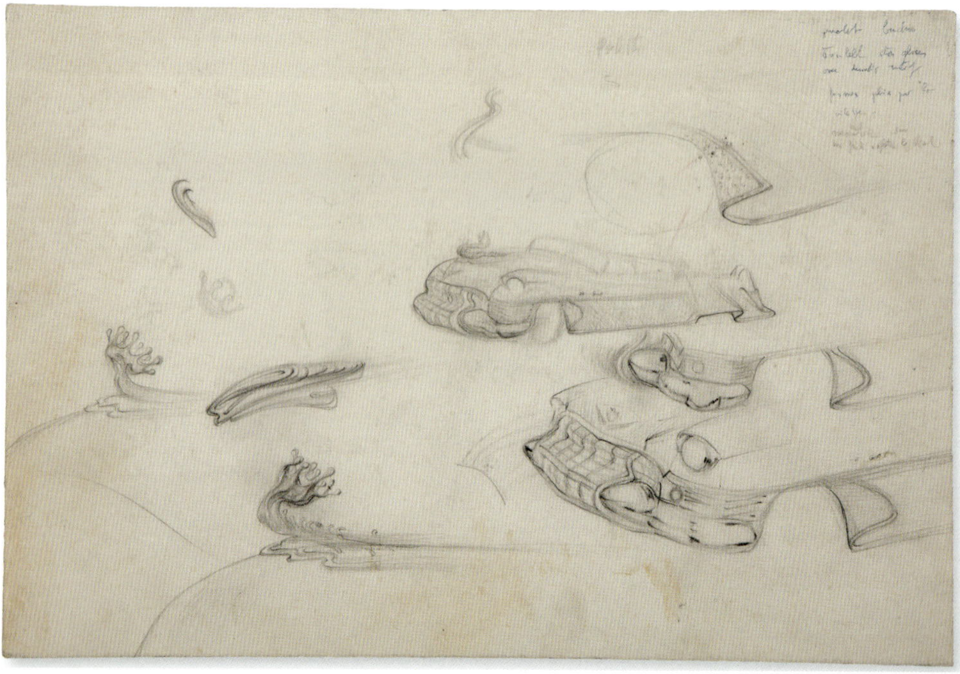

34

Salvador Dalí. Esbós per al *Cadillac de Gala*.

El 1974, segons va explicar Jaume Miravitlles, amic d'infantesa del pintor, en un article a la *Revista de Girona*: «La General Motors havia llançat al mercat un *Cadillac de Luxe* que havia tingut un gran èxit comercial, i volia repetir la prova amb un model més car i més sofisticat. Dalí rebé una notificació oficial per a llançar un nou model. Immediatament tingué una idea: el cotxe es diria *Cadillac de Gala*, un nom bomba i dintre l'obsessió de l'artista. Acompanyà el nom amb un breu croquis que dibuixà amb bolígraf, al damunt d'un paper de cartes de l'Hotel Saint Regis. Era molt interessant, encara que no sé si es podia produir 'en cadena'. Es tractava d'un Cadillac corrent cobert per una sumptuosa capa metàl·lica de color roig bisbe, que tapava el sostre de l'automòbil i baixava pels costats i el darrera, i deixant només un espai sense cobrir reduït a les finestres. Ho feu en menys de cinc minuts, però el resultat era realment impressionant: un cotxe reial, de gala!

«La calessa dels oblidats».

No se sap què va passar. No hi hagué cap resposta, ni positiva ni negativa, per part de la General Motors. Però un any o dos més tard aquella empresa anunciava l'aparició d'un model nou: el *Cadillac de Gala*! El nom només; sense cap de les innovacions que Dalí havia proposat»[26].

El 1976, al primer número del seu *Setmanari Artístic Mar Empordanesa*, escriu Dalí aquestes paraules sobre el *Taxi plujós*, exposat al Teatre-Museu:

«... el famós Cadillac que Dalí va regalar a Gala i del qual n'existeixen sis. Un pertanyia al president Roosevelt, un altre a Clark Gable, etc. Aquesta és la quarta reproducció del famós *Taxis pluviosos*, avui totes destruïdes. El primer fou exhibit i feu sensació a l'exposició surrealista de París. El segon, a la Fira Mundial de Nova York, i el tercer a la retrospectiva surrealista en el Museu d'Art Modern de Nova York. I el quart és aquest, permanent al Museu Dalí»[27].

Aquest cotxe era el que Gala havia conduït en llargs trajectes des de Califòrnia fins a Nova York i que finalment va utilitzar Arturo Caminada.

[26] MIRAVITLLES, Jaume. «Dalí i l'aritmètica». *Revista de Girona*. Girona: juliol 1974, p. 34.

[27] Traduït de: DALÍ, Salvador. «Guia Secreta del Teatro-Museo Dalí». *Setmanari Artístic Mar Empordanesa*. [Figueres] 31/12/1976, s.p.

# LA SALA DELS ESCUTS

**E**l primer pis del castell era l'espai de residència, i tant la porta d'entrada, al final de l'escalinata de pedra, com un finestral, al costat mateix, revelen ja una sumptuositat que no es percep en els murs exteriors. Es deu a l'historiador Joan Badia i Homs una minuciosa descripció d'aquestes dues obertures que expliquen part de la història genealògica del castell. Del finestral «quarterejat, renaixentista»[28] diu que «la base dels muntants i columnes tenen motius en relleu; en els angles superiors hi ha sengles mènsules que representen lleons i en els inferiors, dragons»[29]. De la porta destaca un gran emblema en baix relleu afegit al segle XVI: «L'emmarquen dues falses columnes coronades per pinacles amb motius florals, entre ells una arcada d'aresta

Salvador Dalí. Projecte per a la decoració de la volta de la sala dels Escuts, *c.* 1969.

realçada per una creu. En la part inferior de cada columna hi ha dos relleus curiosos: volen representar cintes amb borles. L'escut, al centre, està inclinat cap a l'esquerra, pertany als Requesens-Corbera[30] (apariat: el corb en una banda i quatre cartel·les a l'altra). Al damunt hi ha un casc de guerrer del qual pengen quatre cintes, i dalt de tot un lleó rampant que té agafat un feix, potser de llances»[31].

En entrar a la sala, com també en entrar a la sala Palau del Vent del Teatre-Museu de Figueres, els visitants queden sorpresos i meravellats. Al sostre, una gran pintura cobreix tota la volta. Al mur del davant, hi ha un moble i unes cadires folrats de tela blanca, amb llaços a la manera de la casa Dior, com les disfresses que hi ha al Teatre-Museu que els Dalí van posar-se per al ball organitzat per Charles de Beistegui a Venècia, i que Pierre Cardin va recordar amb tot detall en una visita seva al triangle dalinià. El moble és ornat com si fos un altar i hi destaquen un parell de canelobres de plata treballada de cinc braços, amb les respectives espelmes de color blanc i una escultura de fusta, obra de Salvador Dalí, d'un Crist a la creu recolzat sobre un pa de crostons.

Les dues lleixes s'omplen amb diversos objectes: una gran sopera i una safata de plata amb elements decoratius vegetals; una espasa de puny de metall daurat i de fulla prima de tres cantells,

[28] BADIA I HOMS, Joan. *L'arquitectura medieval de l'Empordà*, Vol. I. Girona, Diputació de Girona, 1977, p. 307.

[29] *Ib.*

[30] L'escut esmentat és una combinació de dos llinatges que posseïren el castell. A la dreta apareix el corb, símbol dels Corbera, que també es troba sobre la porta de l'església, i a l'esquerra, l'heràldica dels Requesens representada als quarters 1r i 4t per quatre pals de gules (equivalent al color roig) sobre camp d'or, i al 2n i 3r, per tres torres d'or sobre camp d'atzur (blau fosc). Josep M. Marquès identifica la cinta amb borles amb Sança, que es va quedar vídua de Gispert de Campllong el 1400. (PITXOT, Antoni; PLAYÀ, Josep. *Castell Gala Dalí: el camí de Púbol*. Fundació Gala-Salvador Dalí, Escudo de Oro, Figueres, Barcelona, 1997, p. 20).

[31] *Cit. supra.*, n. 28, p. 307.

que duu gravada al mànec la inscripció « VIVE LE ROI »; diversos gerros de pasta de vidre, entre els quals destaquen dos de Daum Nancy i un d'Émile Gallé, amb fulles marrons sobre un fons blanc, dipositaris d'un esperit totèmic; una llesca de mineral, dues closques de cargols fossilitzats, un calze de metall daurat i una copa-fruitera de vidre verd. Hi veiem, doncs, una acumulació d'objectes típicament daliniana, que podem trobar també en els altres dos centres del triangle.

Destaca a la sala la presència de sis escuts, que ja hi eren quan els Dalí van comprar el castell i segurament representaven els blasons dels diversos llinatges familiars que hi havien viscut. Es van haver de restaurar, i tot i que es van mantenir alguns dels elements primitius, s'hi van afegir altres detalls i emblemes esotèrics que mostren la intervenció i reinterpretació iconogràfica de Dalí.

Hi ha una excepció, l'escut situat a la paret esquerra en el qual no es distingia gairebé res i havia quedat ple d'esquitxos dels pintors que treballaven en la rehabilitació de l'espai [1]. Dalí va dir que era el més autèntic i va demanar que el deixessin tal i com havia quedat: se'n distingeixen dues meitats, una de tons marronosos i l'altra de tons blau fosc, en homenatge als pintors. En el cas d'aquest escut esquitxat cal considerar el respecte de Dalí pel signe de l'accident, sempre considerat sagrat en participar-hi l'atzar. També a Portlligat li agradava mantenir una porta exterior tal i com l'havien deixada els pescadors que hi assecaven els pinzells utilitzats per pintar les barques. Ho feien durant els llargs dies d'hivern en què per culpa el mal temps no es podia sortir a la mar. Dalí, en tornar de Nova York, cada primavera es trobava la sorpresa de la porta exterior pintada amb la millor *action painting* de la natural saviesa popular.

A la banda dreta de la sala hi ha un escut completament renovat, que amb una partitura musical en forma d'epigrama, del rondó «Belle, bonne, sage» del compositor francès Baude Cordier (1380-1440) sembla especialment dedicat a Gala. S'acompanya d'una flor de lis i una G (de Gala) sobre un fons blau (oli i pintura daurada sobre planxa metall, 101 × 69,2 cm, *c.* 1971) [2]. Potser el més dalinià de tots és el que té la silueta d'un castell de tons blaus, a la part superior, i un dodecaedre, a sota, amb tres roses vermelles als costats (oli i sorra sobre fusta, 101 × 69,5 cm, *c.* 1971)[3]. Sobre aquesta mena d'altar profà, hi ha un escut que representa un corb amb les ales

[1]    [2]    [3]

Escuts reinterpretats per Dalí.

obertes i un altre de perfil, si bé en una postura que no coincideix amb la de l'heràldica dels Corbera (oli i sorra sobre planxa metall, 101 × 69 cm, c. 1971) [4]. Un cinquè escut, situat sobre la llinda d'una de les portes, presenta una franja al centre (signe heràldic dels Campllong) i dos lleons rampants a cada costat (oli i sorra sobre planxa metall, 101 × 68,5 cm, c. 1971) [5]. El darrer que queda per descriure té tres flors de lis a la part superior sobre fons vermell amb una banda creuada a la part inferior sobre fons negre que podria correspondre a l'escut dels Miquel (oli i sorra sobre planxa metall, 101 × 69 cm, c. 1971) [6].

Moble-altar.

[4]

[5]

[6]

A destacar, per acabar, l'escut heràldic de Marquès de Dalí de Púbol creat pel propi pintor i format per una corona de marquesat, i tres cues d'ermini blanques sobre fons blau. Recordem que el rei Joan Carles I, el 1982, nomena al pintor Marquès de Dalí de Púbol, títol del qual sempre es va sentir molt honrat.

A banda i banda de l'altar trobem dues portes, però la de l'esquerra és fictícia. Es tracta d'un *trompe-l'œil* pintat per Dalí vers el 1972 (oli sobre tela, 220,5 × 115,7 cm), emmarcat per carreus autèntics, ja que antigament aquí hi havia hagut una obertura. Aquesta porta simulada està entreoberta i mitjançant una falsa perspectiva dona pas a un espai enrajolat amb un mur al fons, que pintat amb gran versemblança, sembla perdre la capa pictòrica que el cobreix. Una vegada més la ficció i la realitat creen una altra realitat, diferent.

Com ja hem comentat abans, Gala era qui definia molts aspectes ornamentals de les cases i especialment de Púbol. En aquest sentit cal fer esment de les cadires. Les que trobem a banda i banda de la sala estan cobertes per unes teles blanques, lligades amb llaços laterals, segons desig de Gala i que també es repeteix a Portlligat. Ara bé, podem destacar dues cadires: una és la *Cadira de culleres*, una escultura de bronze obra de Salvador Dalí (111 × 36,5 × 46,5 cm). Incorpora com a respatller una diadema que segons Dalí havia pertangut a l'actor dramàtic francès François-Joseph Talma (1763-1826), conegut per les seves interpretacions de personatges de Shakespeare, Corneille i Molière i admirat per Napoleó. Aquest actor va ser conegut també per la defensa de l'ús de vestuari històric en l'actuació i va popularitzar una capa llarga, que sempre duia, i que rep el nom de «talma». Dalí tenia un especial interès per aquesta diadema pel que simbolitzava de representació teatral. No podem oblidar com a visitants, la nostra condició també d'espectadors.

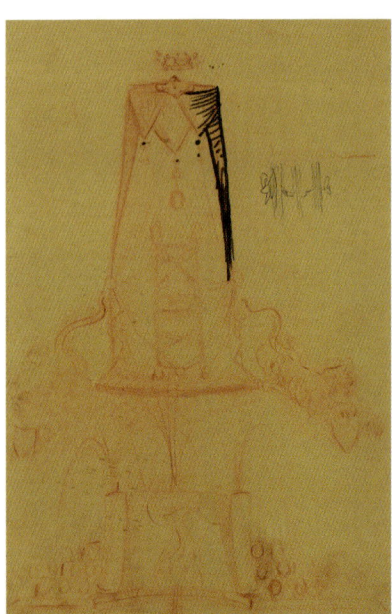

Salvador Dalí. Projecte per al tron de la sala dels Escuts i la piscina del Castell de Púbol, c. 1970.

Salvador Dalí. *Cadira de culleres.*

Salvador Dalí. Porta en *trompe-l'œil, c.* 1972.

A la part esquerra de l'estança, reforçant-ne l'aire heràldic, hi ha el tron de Gala, un conjunt destinat a ser el seient per rebre les visites especials. Va ser dissenyat per Salvador Dalí el 1974 i es conserva un dibuix de la idea inicial (llapis i bolígraf sobre cartró, 38,30 × 25,30 cm, *c.* 1970), on Dalí treballa a partir de la *Cadira de culleres.* Finalment, però, la peça central del muntatge va acabar essent l'actual cadira amb braços antiga, coronada per dos grifons que sostenen un escut on l'artista simula una G gravada; si bé és al respatller on descobrim una interessant intervenció de l'artista en pintar al cercle central un paisatge a l'alba, un espai de profunditats espirituals, on es projecta l'esquena del que l'utilitza, una finestra oberta a un indret indeterminat, idíl·lic, com la Citera a la qual es dirigeixen els personatges de Jean Antoine Watteau a l'oli *Pelegrinatge a l'illa de Citera* (1717), una de les obres mítiques de la història de l'art segons Dalí. El tron pròpiament dit, situat damunt un entarimat de dos graons, està flanquejat per dues lleones de fusta, que segons l'artista eren d'origen provençal, en actitud defensiva, a les quals va afegir uns estreps de muntar. Una guarda la corona que va fer amb forquilles entrellaçades i banyades en or. El sitial està emmarcat per una estructura de cortinatges blaus a manera de petit dosser, decorada amb dues columnes daurades i coronada per l'escut del marquès de Dalí i de Púbol.

Per al finestral amb festejador Dalí havia imaginat una decoració amb un cortinantge blau estampat amb flors de lis grogues. El mateix patró es repetia en la decoració dels batents (collage, guaix i llapis sobre paper, 35 × 46,70 cm, *c.* 1970).

Salvador Dalí. Disseny sobre una fotografia per a la decoració del finestral amb festejador i el sostre de la sala dels Escuts, *c.* 1970.

El tron de Gala, amb pintura de Dalí.

*Sense títol.*
**Sostre de la sala dels Escuts,**
*c.* 1971
Oli sobre tela (1.217 × 625 cm)
**Castell Gala Dalí de Púbol**
Sala dels Escuts

El taller del pintor durant els anys 1969 i 1973 està dedicat fonamentalment a l'execució de diversos projectes interioristes: el sostre per al Palauet Albéniz de Barcelona (*c.* 1969); el sostre de la sala Palau del Vent del Teatre-Museu que s'inaugurarà quatre anys després (1970-1973) i la pintura que decora el sostre de la sala dels Escuts del castell de Púbol. Amb l'ajut del pintor escenògraf Isidor Bea, Dalí va pintar sis teles que cobreixen tota la volta de la sala.

Segons declaracions del Mestre a la revista *Vogue*[32], Gala va realitzar una llista de peticions per al seu castell, on va incloure la realització d'«un plafó de 15 metres representant en el cel mediterrani un forat nocturn del qual cauran els tresors surrealistes»[33]. D'aquesta manera Dalí obsequiava en un acte d'amor a la seva esposa: «M'he acontentat a decorar els seus sostres perquè, en aixecar els ulls, sempre em trobi en el seu cel»[34].

El sostre que Dalí realitza per a Gala a Púbol és una al·lusió a l'espai fortificat en què ens trobem. Destaca el conjunt de merlets que envolten la composició i que enalteixen l'efecte d'un espai emmurallat. Per damunt d'aquests, se'ns obra un cel groguenc en què es distingeix un estol d'orenetes que dirigeixen el seu vol, en espiral, al centre de la composició. Aquí, enmig d'un fantasiós enteixinat daurat de motllures clàssiques, un cel nocturn mostra diverses

figures acompanyades per instruments i cavalls blancs. La decoració es completa amb sis arcs que han estat decorats amb franges en forma d'espina de peix de color blau celeste. Dalí expressa aquí la seva admiració pel pintor Andrea Mantegna i la Camera picta, *Camera degli sposi* (1465-1474), que l'artista italià va pintar per a l'estança privada de Ludovico Gonzaga al Palau Ducal de Mantova.

Es conserva un projecte preparatori per a aquest sostre de la sala dels Escuts (veure p. 37) on Dalí hi va incloure una figura femenina. Aquesta serveix a l'artista per realitzar el retrat de Gala situat a la llinda de la porta d'accés a la sala següent (oli sobre planxa metall, 189 × 172 cm, *c.* 1970). Gala, amb el bastó a la mà, és, com una dama del castell, símbol d'autoritat i confereix en aquest espai un aire de solemnitat.

[32] *Cit. supra.,* n. 1.

[33] *Cit. supra.,* n. 1, p. 822.

[34] *Cit. supra.,* n. 20, p. 689.

# LA SALA DEL PIANO

**P**er accedir a la sala del Piano, deixem enrere la figura de Gala, que ens recorda que estem accedint a les estances privades de la dama del castell, espai on queden al descobert els cairats de la teulada, ja que s'havia enfonsat el sostre del primer pis i es va optar per no reconstruir-lo. Dalí aprofita aquest «accident» per dissenyar un interior que faci sensació d'amplitud i lluminositat, és a dir, de grandesa, que s'enforteix amb la portalada de fusta d'estil castellà, emmarcada per una estructura de guix de patró clàssic amb frontó i dues columnes. Al centre del timpà hi ha la G de Gala en relleu, que ens adreça cap a l'espai del sofà. Aquest és un espai que, en entrar-hi, ens impressiona. Una vegada més, Dalí sap fer ús de la ruïna per crear un efecte diferent. El piano i els tapissos defineixen l'estança. Es tracta d'un lloc per descansar, escoltar música o fer tertúlia. Podem parlar de dues zones: una més barroca que correspon a l'àrea del piano i, a l'extrem oposat, la més daliniana.

Destaca, a la sala, el piano de cua fabricat per la casa Carl Bechstein. Bechstein és conegut com un dels millors fabricants de pianos del segle XIX, pianos especials decorats amb or i pintats a mà, encarregats per dissenyadors d'interior per a palaus reials i mansions aristocràtiques i elegants.

Els tapissos donen una certa calidesa a l'estança. Hi trobem dos tapissos i un teló de teatre de grans dimensions. En el primer dels tapissos, situat al costat del piano, hi ha representada una escena de la Guerra de Troia, concretament, la mort d'Hèctor, el princep troià, per l'heroi grec Aquil·les. És signada pel mestre Daniel Eggermans de Brussel·les i datada del segle XVII. Aquest artesà treballava a partir de l'obra original del pintor Peter Paulus Rubens, qui va realitzar una sèrie dedicada a aquest episodi històric dels mites de la Grècia antiga, a l'entorn del qual va florir un immens cicle de llegendes i nombrosos poemes (cicle troià). Dins el cicle llegendari grec, diverses obres (els Cants Cipris, la Petita Ilíada, la

Salvador Dalí. *Sant Jordi i el drac*, 1973.

Presa de Troia), de les quals han pervingut només uns resums escrits el segle V dC pel gramàtic Procle, proporcionen dades nombroses sobre aquesta gesta. Segons aquestes obres, la causa de la guerra fou voluntat de Zeus, que volia alleugerir la terra de la població excessiva que l'habitava. Homer a la seva *Ilíada* canta les gestes d'Aquil·les, l'heroi perfecte, el més valent, el més fort i ràpid de tots els guerrers aqueus i troians. Participa en la Guerra de Troia i la seva acció és fonamental en la contesa. Altres tapissos d'aquest

artesà es poden trobar al Palau Ducal de Vila Viçosa a Portugal o al Museum Boijmans van Beuningen de Rotterdam. Segons testimoni d'Antoni Pitxot, mentre s'enterrava Gala, Dalí contemplava el tapís, juntament amb ell, asseguts ambdós al sofà situat davant del piano, i li comparava fets representats en el tapís amb els de la seva vida. Destacava la presència d'Hèctor, ferit pel seu propi destí, així com la presència d'unes greques decoratives. Li agradava també contemplar la lluita de galls que hi havia representada a la part inferior, així com la simetria que s'aconseguia amb la posició dels dos lluitadors.

En aquest mateix espai del piano, en el mur oposat, hi podem contemplar l'altre tapís, col·locat per sobre del sofà de vellut vermellós. Procedent dels tallers de la ciutat d'Aubusson, es tracta d'una peça datada del segle XVII, on s'hi representa una escena de caça amb un caçador que sosté un arc amb fletxa, i un gos. Per les marques que presenta, podem deduir que segurament aquest tapís era més gran en origen. També és interessant saber que el seu primer destí dalinià va ser la casa de Portlligat, on actuava com a catifa a la sala Oval, recordem-ho, l'espai destinat a Gala.

Si seguim admirant els diversos elements de la sala, just abans d'accedir a la cambra blava de Gala a través d'una porta amb cortinatges vermells, val la pena aturar-se en un cavallet de fusta daurada profusament decorada. A la part superior, hi ha un escut format per una corona, i dos dracs que emmarquen la lletra S. Recolzada, hi trobem una reproducció de la litografia *Sant Jordi i el drac* (56,7 × 76,1 cm), que el pintor dedica a Gala l'any 1973. L'original es troba exposada a la sala Les «Gales» de Gala. És, de fet, aquest el lloc on els dibuixos que Dalí regalava a Gala en alguna de les seves visites quedaven dipositats. Curiosament, també a Portlligat, a la biblioteca, hi trobem un cavallet daurat. Aquest cavallet fa joc amb els canelobres estil Lluís XV de fusta daurada de quatre braços, adornats amb motius vegetals, que trobem a les parets.

Ja hem dit que Dalí va realitzar diversos projectes per decorar el castell. Reculem i ens dirigim de nou, doncs, cap a la zona més daliniana de l'espai. Aquí hi trobem el teló de teatre, situat per sobre dels sofàs de vellut vermellós i serrells daurats. Sens dubte l'interès d'aquesta peça ve donada per la intervenció de Salvador Dalí. S'hi representa el passatge bíblic del rei Salomó en el moment de rebre la visita de la reina de Saba. Al centre de la composició, l'artista hi va pintar una girafa en flames (oli i tremp sobre tela, 320 × 402,5 cm, *c.* 1970) element iconogràfic present en l'obra del pintor, sobretot la dels anys trenta. En aquest teló hi ha la inscripció següent: «Ramon Batlle. Escenògraf. Barcelona.» (recordem que aquest escenògraf havia treballat per al Gran Teatre del Liceu de Barcelona). Novament les connexions amb el Teatre-Museu es fan paleses; la presència del teló de fons d'un teatre, que remarca el caràcter volgudament escenogràfic de la construcció.

Teló de teatre que representa el rei Salomó i la reina de Saba, al centre del qual Dalí va pintar una girafa en flames, *c.* 1970.

Els dissenys de Dalí per aquesta zona són interessants, sobretot els que realitza per a la peculiar tauleta-claraboia. Aquesta és d'obra, amb la part superior de vidre, de manera que ens permet veure la sala de sota. Té incrustades quatre potes d'estruç —que anteriorment, a la casa de Portlligat, havien servit de canelobres— dues són dissecades i les altres dues de guix. Als laterals de la taula, hi ha emmarcades les rèpliques de quatre pergamins els originals dels quals es poden veure exposats a la sala Les «Gales» de Gala. Aquesta claraboia, en aquest cas, no s'utilitza per dotar de llum natural l'estança, sinó per mostrar-nos el cavall que «habita i vigila» la part inferior del castell.

Dels pergamins que decoren la taula, el més interessant és el que podria considerar-se l'escut heràldic del castell de Gala (aquarel·la i guaix sobre pergamí, 43,5 × 66,5 cm, *c.* 1971). Està inspirat en la part superior de l'escut de pedra de la porta principal i representa mig cos d'una lleona que s'alça des de l'interior d'una corona i amb un dels braços aixeca un ram de flors vermelles. La versió daliniana va substituir el casc de guerrer de l'escut de la porta per una corona de perles (o borles) i va afegir a la lleona una G al mig del cos. Sota el dibuix, dins un requadre, hi figura el títol: *Púbol de Gala.* L'obra és signada «Petit Daris», un dels noms afectuosos amb els quals Gala anomenava Dalí. En un lateral del dibuix hi ha unes anotacions, fetes a llapis, que van dirigides a «Petite olivone» (un altre dels apel·latius carinyosos que utilitzava Dalí per dirigir-se a Gala[35]) i li indiquen com col·locar el pergamí darrere els vidres de la taula. Aquestes notes van signades «Salvador Dalí de Figueres».

Un segon pergamí representa una paret d'obra vista en forma de flor de lis que deixa entreveure una olivera amb les seves arrels (aquarel·la sobre pergamí, 39 × 55 cm, *c.* 1971). Per a Dalí la flor de lis és un element emblemàtic, que es troba en diversos espais del castell.

Salvador Dalí. Projecte per a la tauleta-claraboia, *c.* 1970.

[35] A la seva autobiografia *La Vida Secreta de Salvador Dalí*, l'artista es refereix als diferents noms en què anomena a Gala: «Anomeno la meva esposa: *Gala, Galuxka, Gradiva* (perquè ha estat la meva Gradiva); *Oliva* (per l'oval del seu rostre i el color de la seva pell); *Oliveta,* diminutiu de l'Oliva, i els seus delirants derivats: *Olíueta, Oriueta, Buribeta, Buriueteta, Sulíueta, Olibubuleta, Olíburibuleta, Ciueta, Líueta.* També li dic *Lionette,* perquè rugeix, quan s'enfada, com el lleó de la Metro-Goldwyn-Mayer; *Esquirol, Tapir, Petit Negus* (perquè s'assembla a un animat animalet selvàtic); *Abella* (perquè descobreix i em porta totes les essències que es converteixen en la mel del meu pensament en el rusc atrafegat del meu cervell). Em va portar el rar llibre de màgia que havia de nodrir la meva màgia, el document històric que provava irrefutablement la meva tesi quan estava en procés d'elaboració, la imatge paranoica que el meu subconscient desitjava, la fotografia d'una pintura desconeguda destinada a revelar un nou enigme estètic, el consell que salvaria del romanticisme una de les meves imatges massa subjectives. També li dic *Noisette Poilue*-Avellana Peluda (a causa del borrissol que cobreix l'avellana de les seves galtes) i també *Campana de pell* (perquè llegeix per a mi en veu alta durant les llargues sessions de la meva pintura, produint un mormol com de campana de pell, gràcies al qual aprenc totes les coses que, sense ella, no arribaria a saber mai)». *Cit. supra.,* n. 5, p. 647.

Aquesta aquarel·la podria ser un primer esbós per a la decoració del jardí, concretament per al banc que hi ha actualment al costat de la piscina, si bé el disseny final és ben diferent.

El tercer pergamí, titulat *La Corona de llet* (guaix sobre pergamí, 43 × 48,5 cm, 1971) i signat «Salvador Dalí, 1971» està relacionat amb els estudis sobre la llei de la gravetat i els descobriments microscòpics que tant van fascinar a l'artista i que va incorporar en moltes de les seves obres. La idea de la corona formada per gotes de llet prové de la imatge obra del fotògraf i científic nord-americà Harold Eugene Edgerton el 1936. Es tracta d'una fotografia anomenada estroboscòpica (realitzada a velocitat molt lenta) de l'impacte d'una gota de llet sobre la superfície, resultat de la qual és la formació d'una corona d'esquitxos. Dalí la utilitza el 1939 en la invitació per a l'exposició a la Julien Levy Gallery de Nova York i, en més d'una ocasió se serveix d'aquesta idea per a la composició de la seva signatura.

Finalment, el darrer pergamí, *Oreneta del cel*, és la representació d'una oreneta que tot seguint l'empremta d'una esquerda emergeix d'un fons atzur (aquarel·la i guaix sobre pergamí, 44,5 × 65,5 cm, 1971).

Així mateix, en aquesta sala, en el racó al costat del sofà, ens crida l'atenció l'original làmpada, dissenyada per Dalí, que té al centre una placa metàl·lica amb motius eròtics en relleu que, de lluny, semblen una decoració floral. El pintor hi insereix elements decoratius a base de minerals o imitacions de minerals, a través dels quals es filtra la llum. Una vegada més Dalí es recrea amb aquest joc real-fals. Podem contextualitzar aquesta làmpada, tant el pàmpol de guix com el peu, amb les creacions de Dalí dels anys 70.

Abans de travessar la portalada que comunica la sala del Piano amb la biblioteca, no podem deixar d'admirar les dues pintures de Dalí que decoren aquest espai. La de més gran format del castell, titulada *Camí de Púbol* (oli sobre tela, 160 × 190 cm), és també l'obra de Dalí en què el paisatge de Púbol té un protagonisme més destacat. Pintada vers el 1973, és una al·legoria a Gala, una Gala ascendent, que apareix a la part superior esquerra de la tela, amb una llarga túnica blanca, emmarcada en un estendard, tal com apareixia també en un altre oli, *Cristòfol Colom* de l'any 1958.

El cavall vist a través de la tauleta-claraboia.

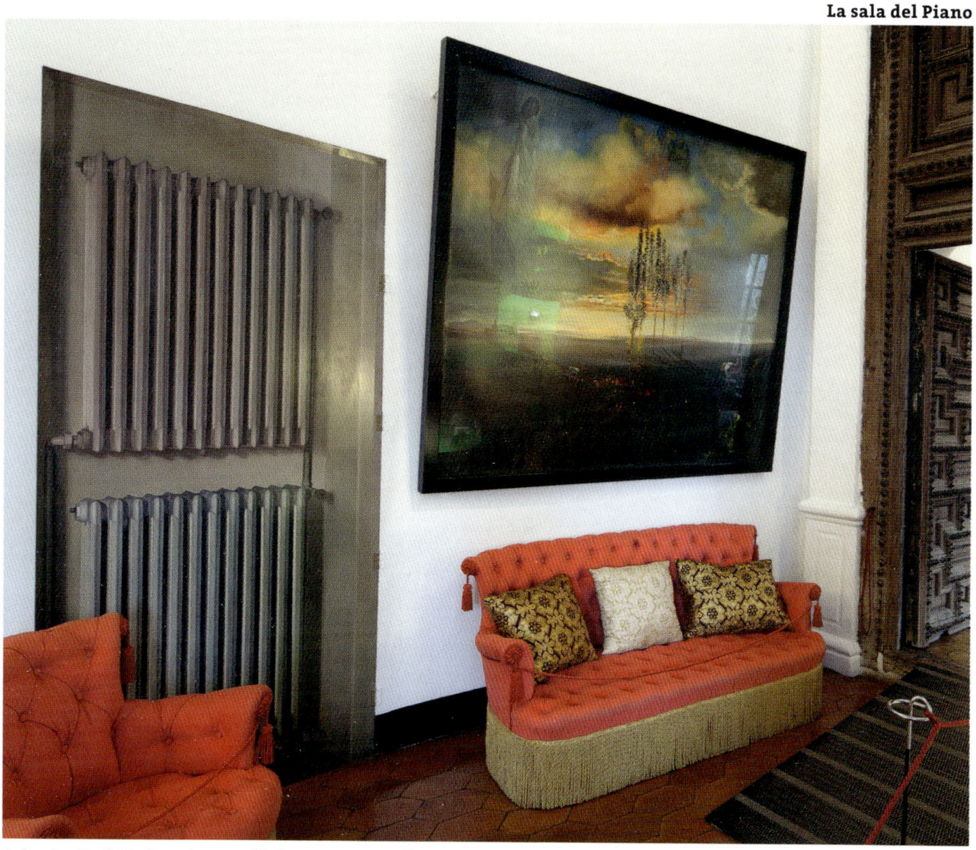

Salvador Dalí. Radiors tapa-radiadors en *trompe l'œil, c.* 1972 i *Camí de Púbol, c.* 1973.

Salvador Dalí. Làmpada.

Crani de cocodril.

*Camí de Púbol, c.* 1973
Oli sobre tela (160 × 190 cm)
**Castell Gala Dalí de Púbol**
Sala del Piano

En aquest oli se'ns fa visible,
per la màgia de l'art, tot el
trajecte des de l'inici del camí,
amb la primera presència
d'una Gala d'esquena a
l'espectador vestida amb roba
d'infant mariner tal com
apareixen Gala i el mateix
Dalí sovint a la seva pròpia
iconografia. El recorregut del
camí, estret i tortuós, és
bordejat per roselles molt
presents, signe de primavera
i il·lusió. En l'escenari que
porta fins al castell de Púbol
i la seva església, se'ns fa molt
evident el número màgic set.
Totes les coses importants són
set, repetia Dalí. Set
pollancres, o millor púbols,
que conformen el nom del
poble. També intervenen en
el llarg camí un camperol i un
cavall blanc. A la part dreta,
se'ns presenta una escena
amb més càrrega mitològica:
un elegant cavall blanc amb
un cavaller, al qual fa donació
d'una mena de tribut especial
en forma de vara un ésser
angelical, possiblement
Mercuri, el missatger dels
déus. Tot culmina, a la part
superior de la tela, amb la
glorificació de la imatge de
Gala, entre tons esclatants de
carmí, instal·lada en els seus
orígens d'esperit oriental, amb
cúpules bizantines que ho
acrediten. Té quelcom
d'esperit en elevació, com el
de l'*Enterrament del Comte
d'Orgaz* d'El Greco, que tant va
impressionar el Dalí jove en la
seva primera visita a Toledo.

La segona obra a la qual fèiem referència és el *trompe-l'œil* que es troba al costat de *Camí de Púbol*. Com que a Gala no li agradaven els radiadors, en la majoria de llocs els va fer tapar amb unes mampares de vímet. Entre els encàrrecs que Gala va fer a Dalí per al seu castell, recollits al número especial de la revista *Vogue*, li demanava uns «paravents pintats en il·lusió òptica representant radiadors de calefacció per amagar aquests»[36]. Dalí es va oferir per tapar els dos d'aquesta habitació, encastats a la paret, i per dissimular la porta de planxa metàl·lica que els tapava hi va pintar uns altres radiadors (oli sobre planxa metall, 229 × 105 cm, *c*. 1972). La pintura amaga i alhora representa la realitat. Novament, si bé en un altre nivell, podem parlar de la relació Dalí-Mantegna. És el radiador una curiosa representació d'allò més eixut i quotidià, que no es vol ocultar a la realitat. Si un radiador es vol tapar, ha de ser de manera que es pinti el mateix objecte —el radiador— amb el màxim realisme a fi de donar «la il·lusió completa de la realitat»[37] en paraules de Raymond Roussel, per a qui Dalí sentia gran admiració. Es podria establir un triangle estètico-filosòfic entre Mantegna, Roussel i Dalí.

[36] *Cit. Supra.*, n. 1, p. 822.

[37] Traduït de: ROUSSEL, Raymond, *Impressions d'Afrique*, Jean-Jacques Pauvert, París, 1963, p. 32.

Púbol.

# L'HABITACIÓ DE GALA

A l'habitació de Gala que, posteriorment a la mort de la seva esposa, va ocupar el pintor, hi trobem un sumptuós llit amb baldaquí, protegit per una balustrada de fusta blanca i daurada amb el passamà recobert d'un vellut vermell.

El disseny de l'espai està inspirat en una habitació d'un castell del Loira, el château de Maintenon, un elegant castell, on es barregen els estils medieval i renaixentista, que conserva la torre quadrada del segle XII. És conegut perquè havia pertangut a Françoise d'Aubigné, futura dama de Maintenon, favorita primer i després esposa secreta de Lluís XIV. A diferència de l'habitació del castell de Madame de Maintenon, aquí el color predominant és el blau: a les cortines, als cobrellits, a l'entapissat de les dues butaques (o cadires de braços) i a la tela que cobreix la taula braser.

Verge Odiguítria amb marc de semprevives, s. XVIII.

Gala i Dalí van compartir l'habitació, però en temps diferents. Recordem que a la mort de Gala l'any 1982, Dalí que s'estava a Portlligat, va anar a viure a Púbol, on va continuar pintant fins el 1983, en un espai del menjador del castell. Són anys, però, on el malestar físic i el dolor per la pèrdua de Gala es fan palesos. L'estat de salut del pintor es va deteriorant i les circumstàncies no l'ajuden. El 30 d'agost de 1984, l'habitació s'incendia. Es tracta d'un incendi provocat involuntàriament atesa la insistència del pintor a l'hora de cridar les infermeres que tenen cura d'ell. Les avisa amb un timbre instal·lat al seu llit, un senzill aparell conegut popularment amb el nom de «pera», que, com que no és fet per ser premut constantment, provoca un curtcircuit. El foc destrueix tota l'habitació i Dalí és rescatat amb greus cremades. Finalment, un especialista determina que sigui ingressat en un centre, si bé el pintor s'hi nega. Dorm una nit més al castell, en aquesta ocasió i per primera vegada, a l'habitació dels convidats i finalment accepta ser ingressat a la Clínica del Pilar de Barcelona; si bé posa com a condició poder visitar abans el seu Teatre-Museu de Figueres. En plena nit, en cadira de rodes, amb la companyia d'Antoni Pitxot, fa aquesta visita emocional, ritual, a la seva obra, la seva darrera gran creació.

Dalí va ordenar de seguida la rehabilitació de l'habitació, ja que el foc havia fet desaparèixer algunes peces decoratives que no es van poder restituir. Un tocador profusament treballat que podem admirar gràcies a les imatges captades pel fotògraf Marc Lacroix. També un regal especial de Dalí a Gala: el delicat àngel amb cabellera daurada —un dibuix sobre paper de petites dimensions, lleugerament acolorit—, així com una icona d'origen rus, emmotllada en marc de plata. La rehabilitació va comportar recuperar els elements metàl·lics. La resta de mobiliari també va quedar deteriorat i afectat pel fum, però es va poder restaurar un mirall d'origen portuguès, d'estil gòtic florit manuelí, i un canelobre també de plata. Aquest canelobre, format per deu dolles, amb motius vegetals i tres cavalls alats a la base, duu la identificació d'un orfebre que va treballar a Birmingham el 1875. Alhora es va resituar una de les icones de la col·lecció de Gala; es tracta d'una verge Odiguítria de cap

L'habitació de Gala.

a la fi del segle XVIII, amb un marc fet de semprevives, presents també al sostre. Aquesta planta, que acostumem a trobar en sòls secs i assolellats, es recollia a finals de primavera a l'olivar de Portlligat. És costum general assecar-la, ja que el color groc lluent dels seus pètals roman inalterable durant molt temps. La idea de perllongar-se en el temps, la immortalitat, és un dels grans interessos del pintor i de Gala.

Mirall d'origen portuguès.

# LA CAMBRA DE BANY
# I EL TOCADOR

A través d'una porta petita, situada a un costat del llit, accedim a la
dependència que antigament havia estat la cuina del castell. Gala va
decidir transformar-la en una cambra de bany amb tocador. Des de ben jove,
havia tingut problemes de salut i estava sempre pendent de la seva aparen-
ça física —per ella era important la imatge que oferia—, de la fragilitat del
cos, de la bellesa efímera, és a dir, del personatge que ella volia transmetre.

Encara que devem la peculiaritat d'aquest espai a Dalí, Gala va voler espe-
cíficament amagar els fogons amb unes petites cortines, seguint l'estil del
seu tocador de Portlligat. Al damunt, hi podem veure elements propis d'un
tocador com ara les capses per desar-hi les joies, un especial pot de ceràmica,
un plat que forma part d'una vaixella dissenyada pel pintor, el llaç amb
què Gala s'adornava els cabells i un collage en forma de ventall amb una
fotografia on apareixen Dalí, Gala i el model i torero francès Jacques Brunet
André, conegut com a «Jaquito». A la base del cartró hi ha la inscripció
següent:

> « *Sur cet or japonais*
> *expés pour aquarelle*
> *Aquarelle que je te peindres*
> *quesque doncs ne feire pas pour quil*
> *soit contente son olivone*
> *Enbase le NAI petit Daris* (sic) »

(En aquest or japonès / expressament per
a aquarel·la / Aquarel·la que jo et pinto /
què no faria jo perquè ella / la meva petita
*olivone* estigués contenta / *Enbase le NAI*
petit Daris), que acaba amb la signatura
que feia servir sovint Dalí quan escrivia
a Gala.

Salvador Dalí. Projecte per a la sala del Piano i bany de Gala, *c.* 1969.

Destaca també, en el tocador, una ampolla d'aigua de colònia *Impériale* de la casa Guerlain, de vidre amb decoracions daurades; a la part inferior, s'hi representen abelles en relleu, a la superior, un entramat inspirat en les rajoles que coronen la columna Vendôme de París. Hi ha així mateix una còpia en guix del rostre de l'escultura *Èxtasis de Santa Teresa* de Gian Lorenzo Bernini i un gerro amb una rosa que havia de ser sempre, segons indicació de Gala, del jardí del castell. Una de les constants entre els recursos iconogràfics de la decoració del castell és la presència reiterada de la G: als escuts, a la sala del Piano, al bany, mitjançant els quals se'ns fa present la destinatària de l'obra, Gala, fil conductor que dona unitat i sentit al conjunt.

Per aquesta estança Dalí va dissenyar dues campanes, una per a la llar de foc i l'altra per a la cambra de bany, que queda, una vegada més, amagada. Ambdues insinuen la G de Gala i estan decorades amb rajoles procedents de la cartoixa de Sevilla, amb escenes dels treballs d'Hèrcules, regal d'Ignacio de Medina, duc de Medinaceli, comte d'Empúries, i, per tant, com afirmava Dalí, «el meu senyor natural». A la campana de la llar de foc, hi podem veure un banc amb una de les maletes que utilitzava Gala. Pel que fa a la banyera, destaca el frontal, decorat amb rajoles de Delft, que representen escenes de jocs infantils. A Dalí, li agradava explicar que en aquestes parets quedaven representats, a través de les ceràmiques de Sevilla i de Delft, els seus dos grans mestres admirats de la pintura, Velázquez i Vermeer de Delft. Les aixetes dels rentamans i de la banyera són pintades en tons daurats i dissenyades a partir del llaç de Möbius [38], si bé no són d'or massís com Dalí havia declarat en diverses ocasions.

Un element a considerar abans de deixar l'estança és l'armariet encastat a la paret; s'hi exposa, protegida de la llum natural, la camisa de mariner que Gala porta en obres com *Camí de Púbol* de la sala del Piano.

[38] Llaç o banda de Möbius: superfície no orientable, és a dir, que té una sola cara. Ideada per A. F. Möbius, es pot construir agafant una cinta plana, torçant 180º un dels extrems i ajuntant-lo, seguidament, amb l'altre extrem.

Aixetes daurades dissenyades a partir del llaç de Möbius i rajoles ceràmiques procedents de Sevilla.

El tocador de Gala i detalls.

# LA BIBLIOTECA

**T**ravessem novament la sala del Piano i, a través de l'obertura de la gran portalada, accedim a una sala d'estar que en temps de Gala i Dalí havia fet les funcions de biblioteca. Si a l'habitació de Gala el blau és el color omnipresent, aquí el groc té un protagonisme absolut, representat pel sofà raconer. És un groc de Nàpols; cada color tenia per a Dalí una especial descripció, com el violeta de Parma o el blau reial.

La música i els llibres eren, això no obstant, els protagonistes principals de l'espai. A la sala, podem veure un aparell de música, el so del qual arribava a la sala del Piano, al menjador i a la mateixa biblioteca.

A més, a l'habitació hi ha dos baguls. En el gran, possiblement una arca de núvia catalana de la zona de Tarragona, hi ha els discos i els cassets, el tauler d'escacs, una llanterna màgica —reminiscència de l'atenció que sempre va despertar en Dalí, des de ben petit, tot el que estava relacionat amb les il·lusions òptiques—, i una càmera de fotos. També dos peus daurats, corresponents a un projecte frustrat de l'artista destinat a les cadires de respatller alt. Si ens fixem en l'interior del bagul, podem saber part de la música que Gala i els seus convidats escoltaven mentre eren al castell. Es tracta bàsicament d'obra del compositor alemany Richard Wagner, músic també admirat pel pintor. Entre els títols no falten *Tristany i Isolda, Lohengrin*, i la *Tetralogia*, el conjunt de quatre òperes basades en les llegendes escandinaves que van donar origen al Cant del Nibelungs (titulat conjuntament *L'anell dels Nibelungs*): *L'or del Rin, La valquíria, Siegfried* i *El capvespre dels déus*. També cal destacar obres de Txaikovski, Stravinski, Händel i tres discos petits amb poemes de Paul Éluard, Federico García Lorca i Arthur Rimbaud, en un estoig de cartró *Eluard dit par Gérard Philipe*.

El segon bagul, que recorda les caixes de mariner, està profusament decorat. Conté fotografies antigues de Gala, jocs de sobretaula —als quals era molt aficionada, de fet, al joc en general—, invitacions al castell i un elefant de peluix (recordem que els peluixos també estan molt presents a la sala Oval, de la casa de Portlligat).

Gala era una persona apassionada per la lectura i acostumava a llegir en veu alta a Dalí. A la biblioteca de Gala i de Dalí, actualment ubicada al Centre d'Estudis Dalinians de la Fundació Gala-Salvador Dalí, hi trobem grans mestres de la literatura russa, bàsicament del segle XIX, com ara: Aleksandr Aleksandrovitx Blok (1880-1921); Ivan Aleksèievitx Bunin (1870-1953);

Bagul amb decoracions pictòriques.

Fiodor Mikhàilovitx Dostoievski (1821-1881); Konstantin Aleksandrovitx Fedin (1892-1977); Nikolai Vassilievitx Gogol (1809-1852); Maksim Gorki (1868-1936); Mikhaïl Iúrievitx Lérmontov (1814-1841); Aleksandr Serguèievitx Puixkin (1799-1837); Lev Nikolàievitx Tolstoi (1828-1910); Anton Pavlovitx Txekhov (1860-1904) etc. Hi ha també un volum de les memòries d'una de les seves amigues d'infantesa, Anastàsia Tsvetàieva, que escriu aquesta dedicatòria a Gala: «A la meva estimada Gàlotxa, com et deia la Marina, a l'amiga de l'adolescència, el llibre de la nostra jove i vella Moscou. Amb tendre afecte, Assia Tsvetàieva (l'any del meu 80 aniversari). 6-12-74 [39]». Aquest volum ens remet al diari autobiogràfic escrit per Gala i publicat pòstumament com *La vida secreta: diari inèdit*, en el qual ens dona informació dels seus records íntims i les seves vivències personals, sobre la seva infantesa i adolescència a Rússia, amb un to líric i visionari. És important saber que aquests manuscrits, juntament amb alguns textos de Dalí, van ser trobats al castell de Púbol.

Gala era també molt afeccionada als escacs. Havia jugat amb el pintor i també amb l'artista Marcel Duchamp, que va deixar la pintura per dedicar-se a aquest *art*. Probablement, Marcel Duchamp és l'únic amic de l'època

[39] Traduït de: TSVIETÀIEVA, Anastàsia, Воспоминания [Memòries], Sovetsky Pisatel, Moscou, 1974 (Figueres, Centre d'Estudis Dalinians, Fundació Gala-Salvador Dalí).

Objectes personals de Gala i Dalí, desats als baguls.

surrealista amb qui Dalí manté sempre bones relacions. Tots dos coinci-
deixen en diverses exposicions dels surrealistes, amb els quals Duchamp
—sense ser exactament un membre del grup— manté una distància còmpli-
ce. Després de la guerra, un cop Dalí ha trencat amb els antics companys,
entre els dos homes es manté el fil de la relació, potser perquè aquest és
més fort que la mera vinculació personal. A banda de les afinitats artísti-
ques, comparteixen geografies: París, Nova York, però també Arcachon
i Cadaqués, població aquesta en la qual Duchamp passa temporades fins
al final de la seva vida, i on ell i Dalí mantenen viu el contacte[40]. Fruit de
l'amistat i la col·laboració és el joc d'escacs dissenyat per Dalí, que es troba al
mig de l'estança, sobre una tauleta al costat del sofà. La plaqueta que acom-
panya la capsa indica que va ser «creat per Salvador Dalí en honor de Marcel
Duchamp per a la Fundació Americana d'Escacs» i produït pel joier F. J. Coo-
per Inc. de Filadèlfia.

Dalí va presentar aquest joc en una conferència de premsa a Nova York el
febrer de 1971 i va assegurar que el cost del joc sencer, amb 32 figures plate-
jades, havia de ser de 4.000 dòlars. Douglas Cooper, el productor, anunciava
el joc de la manera següent:

[40] AGUER, Montse; FANÉS, Fèlix. *Salvador Dalí. Àlbum de família.* Fundació Gala-Salvador Dalí,
Fundació "la Caixa", Figueres, Barcelona, 1998, p. 32-33.

Joc d'escacs dissenyat per Dalí, en homenatge a Marcel Duchamp.

«Apostem que mai abans no han vist un joc d'escacs com aquest. Les peces estan fetes de plata de llei massissa a partir dels dits de Salvador Dalí. Dalí va crear el conjunt en honor del seu difunt amic, Marcel Duchamp, i en homenatge seu el va donar a la Fundació Americana d'Escacs. F.J. Cooper va ser l'encarregat de produir un nombre limitat de jocs.

«Tant el rei com la reina (el rei és el polze de Dalí, la reina el de la Sra. Dalí) porten una dent a la corona. El Sr. Cooper, en un moment de curiositat sense límits, va demanar a Dalí que per què una dent. Dalí va respondre de manera brillant i va demanar al Sr. Cooper: Per què no una dent? (El Sr. Cooper va continuar fent altres coses).

«Pel que fa a la raó per la qual Dalí va crear un joc a partir dels seus propis dits, va dir, "Jo tenia un concepte precís i simbòlic encara. En els escacs, com en altres formes de l'alquímia humana, sempre hi ha el creador, sobretot, l'artista com a creador. Això és el que jo volia representar: la mà de l'artista, el creador etern. Quina millor manera d'expressar aquesta visió que esculpint a partir de la meva pròpia mà, dels meus propis dits?"

«Cada peça està signada per Dalí. Cada conjunt està numerat (Dalí posseeix el número 1) i ve en la seva pròpia capsa de roure. Quatre mil dòlars. (...)

«P.D. Un col·leccionista que coneixem va comprar un conjunt i en va lliurar a amics diverses peces diferents. Ara, trenta-dues persones tenen una escultura signada per Dalí. No és una mala idea»[41].

Les figures, doncs, estan inspirades en els dits de la mà de l'artista, excepte les torres que van tenir com a model el saler de l'Hotel Saint Regis de Nova York, on Dalí passava llargues temporades, sobretot a l'hivern.

Aquesta sala és una de les més atapeïdes pel que fa al nombre d'obres. Les que podem veure aquí exposades, a excepció del bust de Gala i la peça de ceràmica pintada, són facsímils de les originals que es troben actualment exposades a la sala de Les «Gales» de Gala. L'obra de dimensions més reduïdes és el trèvol de quatre fulles assecat, darrere el qual Dalí va escriure un eloqüent «Pour Gala». Gala era supersticiosa i creia en la sort i l'atzar, i tenia una veritable fixació per trobar al camp, en les llargues passejades que tant li agradaven, els rars trèvols de quatre fulles, que conservava entre les pàgines dels seus llibres més estimats. Per una fotografia del 1971, que podem veure a l'habitació de Gala, sabem que aquesta peça era abans damunt el seu tocador. A sota seu un dibuix signat per Dalí representa una oreneta, ocell que tant agradava a Gala i, que trobem en diversos espais del castell (tinta i llapis sobre paper, 16 × 15 cm, 1957).

En una altra paret hi ha dos dels gravats més coneguts de Dalí: *La gran plaça de Vosges, en temps de Lluís XIII* (gravat a l'aiguafort i lavis sobre paper, 56,7 × 76,5 cm, 1958) i a la seva esquerra *Sant Jordi i el drac* (gravat a l'aiguafort sobre paper, 56,8 × 45,5 cm, 1947). D'aquest últim també hi ha reproduccions a la casa de Portlligat i al Teatre-Museu.

Així mateix, cal assenyalar la presència de l'obra *Vista de Púbol* (aquarel·la, tinta i guaix sobre cartolina, 20,4 × 56,6 cm, *c.* 1971), amb una visió de l'església i el castell de Púbol, també presents en altres obres d'aquesta època. Aquesta composició és fruit de la passió de Dalí per la utilització de taques accidentals o provocades intencionadament. Recordem en aquest sentit el film de Dalí *Impressions de la Haute Mongolie*, que té la mateixa intenció estructural. En el cas d'aquesta obra, Dalí reinventa entre les eloqüents formes verdoses dos pescadors, un d'ells dins la barca remant, i un caçador.

[41] Traduït de: Anunci publicitari de F. J. Cooper Inc., *New Yorker*, Nova York, 03/04/1971.

Salvador Dalí. *La gran plaça de Vosges, en temps de Lluís XIII*, 1958.

Salvador Dalí. *Vista de Púbol, c.* 1971.

Col·locat al damunt mateix d'aquesta aquarel·la hi trobem un gravat, *El desert amb la seva empremta* (gravat a la punta seca, pochoir i llapis sobre paper, 62,6 × 44,9 cm, 1973), que forma part de la sèrie *Roi, je t'attends à Babylone*. Un altre gravat de la mateixa sèrie, *Darius jurà que penjaria Alexandre...* (gravat a la punta seca sobre paper, 62,8 × 45,3 cm, 1973), es troba disposat a l'habitació contigua, la dels convidats.

En una lleixa, just al costat de la finestra que dóna al pati interior, hi ha un llum modernista —estil, com sabem, reinvindicat sovint per Dalí— d'Émile Gallé (1846-1904,) artista francès que va treballar el vidre i que és

77

considerat com un dels representants més significatius de l'Art Nouveau francés. La làmpada també està adornada amb orenetes, ocell molt present al castell, ja que era una de les maneres que Dalí tenia d'anomenar carinyosament Gala, i dues reproduccions fotogràfiques d'ella: una d'adolescent amb un gat entre els braços en la qual Dalí hi inscriu «Tête a chateau (sic)». L'artista deia que l'estructura del front de Gala era la mateixa que el de la *Madona Sixtina* de Rafael i la *Ginevra de'Benci* de Leonardo da Vinci. Reproduccions d'aquestes obres juntament amb aquesta fotografia es troben avui a la Casa Salvador Dalí de Portlligat.

La segona fotografia, de Marc Lacroix, representa els ulls de Gala que emergeixen de darrere d'un dels merlets del castell de Púbol, ulls que segurament remeten als de *La Femme visible* amb una mirada que, segons deia Dalí citant Paul Éluard, travessa els murs[42].

Completen la decoració de la sala un bust de guix, obra de l'escultor Ramon Sabí, que correspon al rostre de Gala, amb una corona que recorda la idea sobre el cercle d'esquitxos que forma la gota de llet en caure. Hi havia hagut abans la *Venus de Milo amb calaixos*, que va correspondre a la part de l'herència de Cécile Éluard, la seva filla. Al seu costat una peça de ceràmica pintada reprodueix el bust d'una divinitat amb casc alat, una al·lusió als mites d'Hermes/Mercuri.

En aquesta mateixa estança també hi havia un petit moble-llibreria, amb no més de quaranta llibres, alguns enquadernats per la mateixa Gala gran amant de l'art de la bibliofília. Eren principalment de literatura russa i francesa, si bé també compartien l'espai amb altres llibres que li havien regalat. No hi faltaven tampoc les obres de Paul Éluard i altres autors contemporanis que li havien dedicat els llibres. Dalí hi conservava diferents exemplars, com no podia ser d'altra manera, de *La Femme visible*, la nostra Gala. Tant les prestatgeries com els llibres i alguns objectes personals van ser lliurats a Cécile Éluard, filla de Gala i Paul Éluard, en concepte de llegítima testamentària. Hi ha ara, en substitució, el gran bagul.

Salvador Dalí. *Sense títol. Oreneta,* 1957.

[42] La traducció d'aquesta cita difereix de l'original escrita per Paul Éluard («visage perceur de murailles»). En aquest cas, s'ha mantingut la manera com Salvador Dalí pronunciava aquesta frase del poeta, tal com explicava Antoni Pitxot.

Fotografies de Gala i làmpada modernista de Émile Gallé.

# L'HABITACIÓ VERMELLA

**T**ravessem la petita porta que ens du a una habitació on el color vermell és el predominant. Una ferradura, símbol de la sort, situada al llindar de la porta, ens dona la benvinguda a la cambra reservada, en temps de Gala, als convidats del castell.

De caràcter auster, com la resta del castell, amb un bell llit amb dosser, hi trobem pocs ornaments: no falten les sempreviscudes al sostre, un gravat del pintor i un quadre-llum amb una imatge de l'àngel de la guarda. En canvi, a la paret oposada al llit, en un prestatge presentat com a vitrina hi trobem una acumulació (recordem que Dalí sempre deia que s'havia d'actuar per acumulació mai per selecció) d'objectes diversos: curioses ampolles de licor, una és una reproducció de la Sagrada Família d'Antoni Gaudí per a Bodegas y Destilerías Agustín Bofill de Badalona, les altres dues un torero i una manola (com les que hi ha a la zona de la piscina de la casa de Portlligat) de la casa Nogueras Comas de Barcelona. Un auriga de ceràmica, una tortuga que alhora és un timbre de mostrador, una parella de nuvis, dos cendrers de porcellana, un plat amb avellanes de ceràmica i un esquirol de peluix; diverses imatges religioses i, per damunt d'aquests objectes, l'escultura *Penjador rellotge* (1971), realitzada amb *pâte de verre* (pasta de vidre). Es tracta d'una rara i antiga tècnica vidriera que es remunta a més de 3.500 anys. El procés actual implica la fusió del vidre i la reproducció de formes per mitjà del mètode de fosa a la cera perduda, mètode molt diferent de la tècnica tradicional de bufar el vidre[43].

Salvador Dalí. *Darius jurà que penjaria Alexandre...,* 1973.

La família Daum es va fer càrrec el 1878 d'una cristalleria situada a Nancy, França, on van desenvolupar aquest art i el van fer famós arreu del món. Una altra generació de Daum va assumir el control de la producció i el 1970 van decidir reintroduir la *pâte de verre* i van convidar un nombre d'escultors famosos, dissenyadors, artistes i artesans del vidre a dissenyar edicions especials limitades per a l'empresa. Salvador Dalí va ser-ne el primer, creant entre d'altres, l'objecte que podem admirar en aquesta vitrina-aparador.

[43] *Col·lecció completa de les escultures en* pâte de verre *de Salvador Dalí,* Dau al Set, Barcelona, 1981.

La sorprenent combinació d'objectes en aquesta vitrina és segurament una nova referència a Marcel Duchamp, concretament a la *Boîte en valise* i als *ready-made*, és a dir, al fet de donar categoria artística a un objecte d'acord amb el lloc o centre on és col·locat. De les imatges religioses, podem destacar un parell de representacions de la Verge del Carme, patrona dels pescadors, un sagrat cor i una talla de fusta policromada que representa la Immaculada Concepció del taller El Arte Cristiano d'Olot. Aquesta talla es basa, molt probablement, en la pintura de Bartolomé Esteban Murillo, *La Inmaculada Concepció «d'Aranjuez»*, realitzada vers el 1675, i que es pot contemplar en el Museo del Prado de Madrid.

Abans de sortir de la sala és interessant fer una ullada a l'àlbum de fotografies situat en una taula que hi ha davant del balcó, des del qual es veu el jardí. Aquest àlbum és un recull, per ordre cronològic, de fotos de Gala, a través de les quals podem fer un seguiment de la seva vida. Podem destacar-hi imatges com les de Gala amb els seus germans, la d'ella amb el seu primer marit, el poeta Paul Éluard, i totes les que apareix amb Dalí.

Vitrina de l'habitació Vermella i detalls.

# LES «GALES» DE GALA

**D**es de l'habitació dels convidats i mitjançant un passadís on es troba l'escala que porta al pis superior, arribem a l'espai de Les «Gales» de Gala. Aquesta planta del castell mai no havia tingut una utilitat precisa i, quan el 1982 es van repatriar les obres que Dalí tenia dipositades als Estats Units, es va convertir en un magatzem improvisat.

Els seus nous usos van ser determinats per la Fundació Gala-Salvador Dalí, amb una rehabilitació realitzada per l'equip dirigit per l'arquitecte Oriol Clos. Es va crear un nou espai, que té un magnífic finestral amb capitells gòtics, diferent de la resta del castell per poder presentar al públic les «Gales» de Gala: alguns dels vestits d'alta costura, lluïts per Gala en alguna de les seves aparicions públiques. Amb la música de fons de *Tristany i Isolda* de Wagner (la mateixa que Dalí volia per al seu Teatre-Museu), el visitant pot contemplar els vestits de Gala degudament restaurats i en les millors condicions de conservació.

Horst. P. Horst. Fotografia reproduïda a l'article «Madame Salvador Dalí», *Vogue*, Nova York, 01/06/1943.

Des del 2017, a més dels vestits de Gala, aquest espai acull i presenta algunes obres originals que anteriorment es trobaven en altres estances del castell. Per motius de conservació la Fundació Gala-Salvador Dalí les ha reunit en aquesta sala acompanyades per una pantalla amb fotografies de les habitacions on estaven situades originàriament. Aquí també hi podem contemplar un sofà verdós, en forma de llavis, semblant al que podem admirar a la sala Mae West del Teatre-Museu Dalí de Figueres.

Si avancem, a continuació es presenta la primera vitrina destinada a la presentació temporal d'obres, objectes i peces de vestir de Salvador Dalí i Gala amb la voluntat de fer conèixer les incursions de l'artista en l'àmbit de la moda i el disseny. Aquest nou ús de l'espai, impulsat per la Fundació Gala-Salvador Dalí el 2018, vol mostrar al públic l'aportació de Dalí a la moda, a través de les seves col·laboracions amb destacats dissenyadors i empreses tèxtils. La primera exposició temporal que ha acollit aquest espai és *Gala, Dalí, Elsa Schiaparelli*, el 2018.

Sala Les «Gales» de Gala.

Vestits amb estampats dissenyats per Salvador Dalí.

A la vitrina del fons, trobem els vestits de coneguts dissenyadors de moda que va lluir Gala.

De **Jean Dessés**: vestit de festa, llarg i entallat a la cintura, amb faldilla de gran vol de color vermell. Jean Dessès (1904-1970), va ser un destacat dissenyador de moda en la dècada dels 40, 50 i 60. Els seus dissenys reflecteixen les influències dels seus viatges. Es va especialitzar en la creació de vestits de nit drapejats en gasa i mussolina, basat en els primers vestits grecs i egipcis. Aquesta creació està confeccionada amb seda i data de 1949. Gala llueix aquest vestit en el documental de Jean-Christophe Averty *Autoportrait mou de Salvador Dalí* (1966). [1]

De **Christian Dior**: s'exposen quatre conjunts.
Un conjunt de brusa i faldilla fet de lamé els anys 60. La brusa és de màniga llarga amb solapes i botons. La faldilla és llarga fins als peus. El folre és de tafetà de seda.
Un vestit de festa de forma trapezoïdal, sense mànigues i de coll rodó. Té una peça sobre el coll similar a una solapa marinera. Realitzat els anys 60 amb otomà de seda i folrat amb organça de seda. Presenta pedreria i fils metàl·lics. [2]
Un conjunt de tres peces: combinació, faldilla i brusa. Combinació llarga amb la cintura marcada, amb faldilla de gran vol. La brusa és de màniga

[1]   [2]   [3]

llarga amb coll camiser. Està realitzat amb gassa de seda estampada
i tafetà de seda de tons rosats-daurats. Està datat dels anys 50. **[3]**

I un vestit curt, sota genoll, amb la cintura marcada per una peça ampla.
Està confeccionat amb tafetà de seda estampada de diversos colors i fils de
lamé daurats. També el podem situar cap els anys 60.

Christian Dior (1905-1957), especialment conegut per l'anomenat
«new look de 1947», un estil de costura per a dona que proposa espatlles
tornejades, cintura fina i faldilla. Representa l'elegància clàssica i la tornada
a una imatge femenina, i va representar la recuperació del luxe i l'excés des-
prés de la depressió de la Segona Guerra Mundial.

De **Pierre Cardin**: hi trobem dos conjunts de dues peces.

Conjunt de faldilla cenyida fins els genolls i brusa de coll rodó amb màniga
tres quarts. De color verd i daurat està confeccionat amb tafetà de seda
i decorat amb fils de lamé. El folre també és de tafetà de seda. **[4]**

L'altre conjunt presenta les mateixes característiques però és de color rosa
idaurat. Es tracta de dues creacions del dissenyador Pierre Cardin que va tre-
ballar amb Elsa Schiaparelli fins que es va convertir en cap de l'atelier de
Christian Dior el 1947. Quan li van denegar treballar amb el mestre Balenci-
aga, va decidir fundar la seva pròpia casa el 1950. És així com Cardin es va
iniciar en l'alta costura el 1953. Era conegut pel seu estil avantguardista
i pels seus dissenys d'Era Espacial. Preferia les formes geomètriques i els

[4]        [5]        [6]

91

motius, sovint ignorant la forma femenina. Va destacar per la innovació en dissenyar la moda unisex. El 1954 va presentar el «vestit bombolla».

D'**Elisabeth Arden**: més coneguda pel seu imperi cosmètic que com a dissenyadora de moda, des dels anys 40, Elizabeth Arden va dedicar-se incansablement a aquests dos àmbits. Aquest vestit vermell i daurat de coll rodó i mànega llarga amb la cintura cenyida, va ser el que Gala va escollir per a la inauguració del Teatre-Museu Dalí de Figueres el 28 de setembre de 1974. Per a l'ocasió es va acompanyar del penjoll amb pedres blaves disposat en el mateix maniquí. El teixit és de seda realitzat els anys 70 en tafetà, passamaneria i folre de seda. **[5]**

De **Jean Couten**: s'hi exposa, al fons, un vestit de mànega llarga de color vermell i ratlles negres amb flors de vellut liles. Gala el vesteix a l'holograma «Dalí pintant Gala», conegut també com el «Pastor i la sirena» (*c.* 1973).

I a més a més, podem veure dues peces que no estan signades:
Un vestit de festa blanc, recte fins als peus, amb mànega ranglan sense puny. Coll rodó amb decoració tipus collar egipci. Confeccionat amb fibres cel·lulòsiques, raió, viscosa i plaques de plàstic i cordó.
I el conjunt de festa format per una brusa de mànega llarga i coll rodó de conjunt amb una faldilla llarga de tul elàstic amb lluentons de cel·lulosa i de color negre. Es tracta del cos que Gala du a la coneguda foto de Horst P. Horst reproduïda a la revista *Vogue* del 1943[44]. **[6]**

[44] «Madame Salvador Dalí», *Vogue*, Nova York, 01/06/1943, p. 56-57.

Sala Les «Gales» de Gala.

Conjunt de dues peces amb estampat dissenyat per Salvador Dalí.

# LA ZONA DE L'OFFICE

**N**ovament al primer pis, ens dirigim a la sala d'exposicions temporals, antiga part de la cuina, la destinada als fogons, una part gens intervinguda per Salvador Dalí, motiu pel qual s'ha pogut destinar a altres funcions. Just al costat, hi ha la part corresponent a l'office. El terra, en escaquer, tal com agradava a Dalí, i la finestra, com en altres parts del castell, amb els seus festejadors, donen a aquesta estança poc utilitzada per Gala i Dalí un aire amable i greu, amb mobles pràctics i senzills.

Alguns dels objectes que hi trobem són d'ús decoratiu més que diari i mereixerien un lloc destacat en l'aparador de l'habitació dels convidats. En els calaixos oberts de la taula, una coberteria de plata de la casa Tiffany's, regal de Dalí a Gala, en què cada cobert porta el seu nom gravat. Esment especial mereix la sèrie d'ampolles, com l'ampolla de brandi que forma el cap d'una gitana de les destil·leries Nogueras Comas de Barcelona; la de cirera de les destil·leries Const Terzakis de Grècia en forma de ballarina grega o la de porcellana blanca decorada en forma de fallera valenciana que contenia doble curaçao de les destil·leries «El Lorito» de Benetússer de València. També destaca una curiosa ampolla de cava de vidre verd amb set forats, al costat de dos gots amb efecte òptic inclòs que fa que semblin plens.

Sala d'exposicions temporals.

Hi trobem, així mateix, jocs de cafè de porcellana com el de Rosenthal, i uns plats també de porcellana, aquest cop de Limoges, amb disseny de Salvador Dalí. A l'armari raconer, entre la vaixella, destaca un molinet de cafè de la marca Grulet amb una reproducció de *L'Àngelus*, del pintor Jean-François Millet. La taula, parada, mostra un esmorzar d'un dia qualsevol de la senyora del castell i sobre una de les cadires el davantal que duia la Dolors, al capdavant del servei del castell.

Abans de passar al menjador, veiem un dels esbossos per a la decoració de la Torre Galatea de Figueres, que Dalí va fer mentre s'estava a Púbol. Es tracta d'un dibuix tècnic (aquarel·la, llapis i tinta sobre cartró, 42 × 72,7 cm, *c.* 1983) sobre el qual el pintor va esbossar, utilitzant un retolador, la silueta dels ous que coronen la teulada de la façana de l'edifici, seu de la Fundació Gala-Salvador Dalí. L'original es troba actualment exposat a la sala Les «Gales» de Gala.

L'office.

Detalls de l'office.

Coberteria de plata de Tiffany's.

Molinet de cafè.

# EL MENJADOR
# I L'ÚLTIM TALLER DE L'ARTISTA

**P**assem ara al que era el menjador, el qual, per un extrem, comunica amb la sala dels Escuts. Al final de la sala, hi ha el que va ser l'últim taller de l'artista, on va realitzar les seves darreres obres.

Destaca la vitrina a la paret del menjador, que podríem considerar com una continuació de l'aparador de l'habitació dels convidats, però dedicat fonamentalment a l'obra més coneguda de Millet, *L'Àngelus*. Hi trobem una acumulació de jocs de teteres de porcellana, ordenades per mida, de gran a petita, com en un joc de nines russes. També, amb la imatge de l'obra de Millet, descobrim uns pots per guardar cafè, farina, sucre, pebre i espècies.

Les referències a *L'Àngelus* de Millet són recurrents en l'obra del pintor, per això no ens ha d'estranyar trobar aquesta obra representada de moltes maneres, fins i tot en objectes de decoració com els que hi ha en aquest armari-aparador. Com ell mateix explica a la seva autobiografia, *La vida secreta de Salvador Dalí*, és una imatge que el persegueix des de la infantesa, quan la veia en un dels passadissos del col·legi La Salle de Figueres, i que contemplada en la penombra, precisament després de l'hora de l'àngelus, li produïa «una angoixa obscura, tan aguda que el record d'aquelles dues silue-tes immòbils em perseguí anys i anys amb la inquietud constant provocada per la seva presència contínua i ambigua»[45].

Els altres objectes que els acompanyen són un petit bust de guerrer, un nino amb vestit catalanesc, pedres tallades, més gerres i una imitació d'un ou de pasqua sostingut sobre un trípode format per tres fletxes. I, enmig de tots aquests objectes, apareixen quatre obres en miniatura de Dalí que són especialment interessants. La més destacada és *Sense títol. Vista de Púbol* de vers el 1971 que representa el castell i l'església de Púbol enmig d'un paisat-ge d'arbres, aprofitant les suggeridores aigües de la pròpia pedra. Hi ha ins-crita la dedicatòria següent: «a Gala de Puvol. Dalí (sic)» (oli sobre pedra,

9 × 20,5 cm). Inserida en una closca de cabra de mar, trobem una àgata polida sobre la qual Dalí va pintar el rostre de Gala el 1970. Hi ha també una escultura de Crist clavat a la creu en posició molt retorçada que recorda al *Crist twistejat* del Teatre-Museu Dalí de Figueres, i altres figures realitzades amb la tècnica de la cera perduda o bé resultat de modelar paper d'alumini.

---

[45] *Cit. supra.*, n. 5, p. 333.

El menjador.

Un altra obra que crida la nostra atenció és una pedra ovalada, arrodonida per l'acció del temps i del mar, sobre la qual Dalí va pintar a l'oli la figura de Crist clavat a la creu (5 × 4,5 cm, *c.* 1959). Comentant aquesta obra, Dalí va dir que «per amor a Gala, soc capaç d'esdevenir un bon pintor venecià». L'obra és del final de la dècada dels 50, però posteriorment Dalí hi va pintar a la part inferior dreta «Pour Gala / Dalí / 1974 (sic)». Aquest tipus de dedicatòries confirmen que es tractava de regals que Dalí feia a Gala cada cop que es retrobaven o que ell anava a Púbol. De vegades eren obres acabades de fer, però en ocasions eren pintures o objectes que, com aquest, ja tenien a Portlligat, la casa comuna, i que Dalí volia donar en exclusiva a Gala.

Al peu de l'armari hi trobem un objecte, concebut com a prova de base per als ous que coronen la Torre Galatea de Figueres, si bé no es va realitzar mai. Durant una època va servir per tapar l'altaveu de damunt del tron de la sala dels Escuts, fins que va ser substituït per l'escut de marquès. Es tracta d'una teula cantonera amb un rostre pintat. A la part que correspon a la boca hi ha un forat. La figura representada podria ser la tramuntana.

Vitrina del menjador. | Salvador Dalí. Àgata pulida amb el rostre de Gala, 1970 i *Sense títol, Crist, c.* 1959.

Al menjador hi trobem, com a la resta del castell, diversos mobles procedents d'antiquaris i brocanters de la zona. El mobiliari, com a la resta de la casa, era el mínim indispensable: una taula de refectori d'antiquari amb dos bancs; un mirall de marc de fusta de banús decorat amb formes geomètriques, d'estil holandès del segle XVI, molt estimat per Dalí, per les connotacions vermeerianes que comporta; una cadira del Pirineu, de fusta, amb tres columnes al respatller i una flor esculpida que data del segle XVII; un armari de cuina del Pirineu del segle XVII amb les portes dividides en cassetons decorats amb una X de fusta de castanyer. Sobre aquest armari ornat amb les semprevives s'hi troba un cap de lleó que Dalí utilitzava en ocasions per fer por a Gala, a més d'altres objectes com un barret salacot, utilitzat pel mateix Dalí quan sortia al jardí a prendre el sol tant a Portlligat com a Púbol.

En aquesta estança trobem el banc de fusta on el cineasta Luis Revenga va filmar l'any 1982 una llarga entrevista que va aparèixer més tard com les darreres seqüències d'una pel·lícula inèdita, *Enigma Dalí*, en les quals Dalí va voler representar reiterativament diferents entonacions de l'antiga cançó

Tetera amb l'*Àngelus* de Millet | Salvador Dalí. Crist clavat a la creu i *Sense títol. Vista de Púbol, c.* 1971.

popular catalana *La filla del marxant*. Dalí augmentava emfàticament el seu to fins que la fatiga el va fer caure. En la imatge de la filmació, passa per davant de la càmera una ombra groga que era Antoni Pitxot, que evita el cop a terra de Dalí. Tota la seqüència era destinada a portar fins a Mèxic la comunicació de Dalí a Luis Buñuel de la mà de Javier Solana, juntament amb un guió esquemàtic molt precís en què Dalí proposava a Buñuel el propòsit de realització d'una nova filmació. Buñuel li va contestar des de Mèxic que ja havia passat el seu moment. El breu guió estava ubicat en l'escaleta d'accés al metro d'una ciutat imaginària amb un únic protagonista coix, «el diabloncillo», que repetitivament entonava la cançó mentre s'esdevenia el passar del temps, també el meteorològic.

Al final, pujant un petit esglaó, s'accedeix al que era l'antic oratori del castell que Dalí va voler anexar amb el menjador i va convertir en una zona per a la llar de foc. Els antics barons de Púbol tenien el dret de poder oir missa a través d'una finestra, privilegi de l'Església concedit a alguns nobles per poder seguir els rituals del temple. En comprar Dalí el castell, es va creure convenient prescindir-ne i fer-la tapiar. Curiosament, la Torre Galatea, antiga casa Gorgot, tenia també una porta que donava el privilegi als senyors d'accedir directament a les llotges del teatre i actualment és la que comunica els dos recintes.

Aquesta zona del menjador és on es conserva el cavallet en què tenim constància que Dalí va realitzar les seves darreres obres. De fet s'hi exposa una còpia del que es considera el darrer oli que va pintar *Sense títol. Cua d'oreneta i violoncels. Sèrie de les catàstrofes*, vers el 1983 (oli sobre tela, 73 × 92 cm). Dalí acostumava a pintar en una butaca que tenia una funda blanca, en la qual encara quedaven estigmes inevitables en forma de taques de les últimes activitats del pintor. S'hi poden veure les seves ulleres, els darrers pinzells que va utilitzar, un aguantabraç, i el sofà que, com a Portlligat, els darrers temps li servia per pintar assegut i poder dedicar així més temps a la pintura. També hi podem veure un cartell amb el rostre de Dalí coronat i el de Gala; la foto és de Jean Clemmer.

En aquestes darreres obres, hi ha referents molt personals com ara la seva preocupació per la teoria de les catàstrofes del matemàtic francès René Thom i els homenatges a Velázquez i Miquel Àngel, mestres a qui sempre havia admirat. Els seus pensaments del moment queden ben explícits en la seva declaració: «[La meva] ja no és una imaginació posada al servei del caprici o del somni, ni de l'automatisme, sinó unes significacions que són la conclusió de la meva pròpia existència, de la meva malaltia i de tots els meus records»[46]. Durant uns mesos la seva activitat encara va ser important i el va acompanyar en ocasions Isidor Bea, l'home que des de mitjan decenni dels 50 l'ajudava al taller. L'abril de 1983, poc després d'haver inaugurat la gran exposició antològica a Madrid[47], va abandonar definitivament la pintura.

[46] «Aparecio el Dalí colombiano», *Revista Semana*, Colòmbia, 23/05/1983, s.p.

[47] *400 obres de Salvador Dalí del 1914 al 1983*, Obra Cultural de la Caixa de Pensions, Madrid, 1983.

La xemeneia i talla de sant Joan Baptista.

Dalí pintava en aquesta època gairebé sense llum, perquè deia que el molestava i aquesta habitació en té poca. Tenia situat el cavallet entre la llar de foc i la finestra, ara tapiada. L'escenografia d'aquesta part del menjador que fa paret amb l'església compta amb una peça religiosa, la talla de fusta estucada i pintada de sant Joan Baptista amb el braç dret alçat i el dit índex assenyalant el cel, mentre, amb l'altra mà sosté una curculla en referència al bateig. Als peus hi ha un xai, al·lusió a Crist.

La llar de foc adopta la forma de doble corba, d'acord amb un dibuix de Dalí i del traç que va fer directament sobre la paret. La seva idea, repetidament pregonada, era que la corba correspon a la que té una gota d'aigua abans de trencar-se. «És el principi de la gota d'aigua que s'aguanta per una llei física de tensió superficial però acaba convertint-se en un fet còsmic»[48], repetia sense respirar. A l'interior hi trobem els capfoguers de bronze decorats amb un baix relleu en forma de bust del s. XVIII.

[48] PITXOT, Antoni; PLAYÀ, Josep. *Castell Gala Dalí: el camí de Púbol.* Fundació Gala-Salvador Dalí, Escudo de Oro, Figueres, Barcelona, 1997, p. [46].

L'últim taller de Salvador Dalí, al menjador.

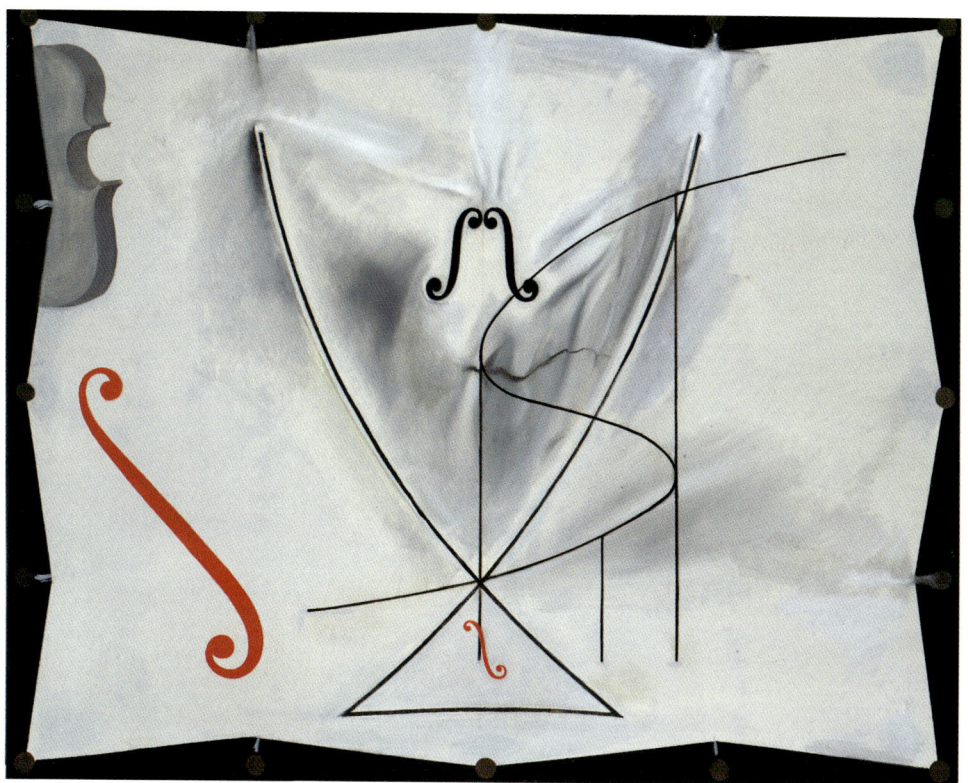

*Sense títol.*
*Cua d'oreneta i violoncels.*
*Sèrie de les catàstrofes.*
*c.* 1983
Oli sobre tela (73 × 92 cm)
**Teatre-Museu Dalí**
**de Figueres**

És el darrer oli que pinta Salvador Dalí. El realitza al castell de Púbol i hi aplica coneixements expressats pel matemàtic René Thom al seu llibre *Paraboles et catastrophes* (1983). Dalí utilitza la forma del violoncel, a la qual atribueix funcions de símbol de sentiment més que de presència musical. Aquest instrument és protagonista sempre, en aquesta darrera època daliniana, d'alguna missió dolorosa; en altres teles apareix agredit per tauletes de nit. Té quelcom d'ego ferit i, en aquest cas, és el que participa en la representació de la cua d'oreneta, l'element més determinant pel seu contingut poètic de totes les descripcions i els grafismes que havia ideat a la teoria de les catàstrofes de manera que, reuneix, doncs, aquests dos punts de coincidència: dolor i bellesa.

## L'EIXIDA

Del menjador podem sortir a una àmplia eixida amb unes vistes magnífiques sobre el jardí i els camps de l'entorn. Hi ha restes de l'antiga fortificació que remeten als temps passats. Gala tenia la intenció de comprar el camp situat a l'altra banda del carrer per projectar-hi un pont, a la manera veneciana, que l'unís amb la seva terrassa. En un racó de la terrassa, veiem la figura d'un guerrer, en guix, damunt un pedestal que reprodueix un escut imaginari. Una part d'aquesta eixida —a l'esquerra— que des de l'exterior

es distingeix per uns porxos, és coberta. Era un lloc ideal perquè Gala descansés els dies d'estiu en unes «chaises longues» que encara s'hi poden veure. Hi ha també un balancí i un puf segurament procedent de la casa de Portlligat (com els que hi havia a la zona de la piscina). A la part de sota, hi ha la sagristia de l'església, la qual cosa demostra la imbricació que hi havia entre el recinte dels nobles i el dels eclesiàstics amb el temple colindant. Una escala nova, per adequar la visita, ens porta cap a la sortida.

# LA CRIPTA

**R**etornats al pati central, a la cripta s'hi accedeix per la porta situada sota el porxo de sortida al jardí i dona pas a un petit rebedor o avantcambra. El primer que ens crida l'atenció són els tres caps de lleó, de cartró, que ens vigilen des de la paret del davant. A la dreta hi ha penjat un cartell que mostra el model de cadira creat per Charles Rennie Mackintosh el 1902. Aquest pòster, que li van regalar a Dalí, sobre paper d'acetat transparent, fou dissenyat a començament dels anys 70 per l'arquitecte Pep Bonet per a

Salvador Dalí. Projecte per a la Cripta, 1973.

l'empresa Boccaccio Disseny. És la reproducció en alçat i a mida natural de la cèlebre cadira modernista inicialment pensada per a un restaurant de Glasgow. Seguramentva servir d'inspiració a Dalí per crear les cadires de respatller alt, de caire molt més popular. Cal destacar així mateix la presència d'una jardinera de B.D. Ediciones, inspirada en un original de Lambert Escaler, sempre amb semprevives, tal com volia Gala.

L'escala que baixa del rebedor condueix per un passadís fins a la cripta; un espai estructuralment diferenciat de la resta del castell del segle XIV que, conegut com el Delme[49], esdevé la tomba de Gala el 1982.

En el moment de la rehabilitació del castell, pels dibuixos que es conserven[50], podem deduir que Dalí havia previst aquest espai com una sala de recepcions amb una escalinata que acabava amb un passamà d'ornaments modernistes. Els projectes, però, no es van arribar a dur a terme del tot ja que sembla ser que per a Gala, aquesta part del castell no tenia prioritat i no va entrar en la primera fase de restauració. Es van limitar a treure les tines, ampliar l'escala i col·locar-hi uns bancs de paret amb coixins i unes estàtues. Es volia també que el terra formés una mena d'escaquer, amb quadres blancs i negres, en homenatge a Marcel Duchamp. Aquest projecte el va encarregar al constructor Emilio Puignau, que va buscar unes rajoles especials; però, quan les tenia, es va adonar que les negres eren massa descolorides. Per solucionar-ho, va fer tenyir unes rajoles de color natural. Amb el pas del temps van tornar a descolorir-se i l'escaquer es va quedar només en un projecte. De tota manera cal destacar la part tècnica: s'ha enlairat el nivell del paviment per evitar les filtracions d'aigua, ja que a Púbol hi ha moltes deus.

[49] Nom que es dona a l'impost del deu per cent sobre els productes de la terra destinat a assegurar el manteniment del clericat i els edificis religiosos. Entre els segles XIII-XVI, a Catalunya, alguns pagesos de remença el pagaven als senyors territorials. Aquest espai del castell de Púbol, va rebre aquest nom pel cobrament que s'hi realitzava d'aquest impost.

[50] A la Fundació Gala-Salvador Dalí es conserven més de 3.000 dibuixos del pintor. Entre aquests, cal destacar alguns esbossos per a diferents elements del castell, tant arquitectònics com decoratius. Dalí, una vegada més, mostra l'interès per l'obra total. Els detalls acaben de donar sentit al conjunt, sentit que el visitant arrodonirà.

Durant els primers anys de ser Gala al castell, se li va demanar si podia obrir el Delme a la gent del poble per celebrar-hi la festa major d'estiu en cas que la pluja impedís organitzar el ball a la plaça. No tan sols ho va permetre sinó que, fins i tot, va donar una aportació econòmica per a la festa. En una ocasió Gala va donar també un lot de tretze gravats a l'Ajuntament de la Pera que estan exposats a la casa consistorial.

Cap a la fi de maig de 1982, quan Gala ja estava malalta a Portlligat, es va decidir la construcció d'una cripta a l'espai corresponent al Delme per poder-la enterrar. L'encàrrec el va rebre directament de Dalí l'alcalde de la Pera, Benjamí Artigas, el dia que hi va anar amb el capellà del poble, per administrar l'extremunció a Gala. Va ser l'aparellador de la Pera qui va fer uns plànols de la cripta, amb un espai interior únic, però previst per a dues persones i amb dues làpides al damunt. Dalí hi va donar el vistiplau sense massa interès ja que l'estat de Gala el tenia molt alterat. Les obres es van fer amb rapidesa i discreció. Gala va morir a Portlligat però va ser embalsamada i enterrada a Púbol (sota la làpida que ara queda, vista des de l'entrada, a la dreta).

A l'enterrament de Gala, que tingué lloc a les sis de la tarda de l'11 de juny de 1982, hi van assistir només una dotzena de persones, els més íntims col·laboradors de Dalí. El pintor es va quedar a dalt, a l'habitació, acompanyat d'Antoni Pitxot, i només quan ja tothom va haver marxat va baixar amb ell a la cripta, i es va estar una estona plorant en silenci davant la tomba de la seva companya i musa. No hi va tornar a baixar mai més, excepte un dia plujós, aprofitant una distracció de les infermeres; Dalí es va agenollar uns instants davant la tomba, tremolant de fred, en un gran estat d'excitació.

A la cripta de Gala hi ha un toc volgudament teatral que vol eludir tant com sigui possible els elements mortuoris. Dalí planteja el Delme com l'espai on descansa Gala, la cambra on un seguit de personatges la protegeixen i li fan companyia: una girafa, uns cavalls clàssics i un genet agenollat, situats a l'última faixa d'arcades, per on entra la llum de ponent, de manera que un raig de sol il·lumina les tres figures.

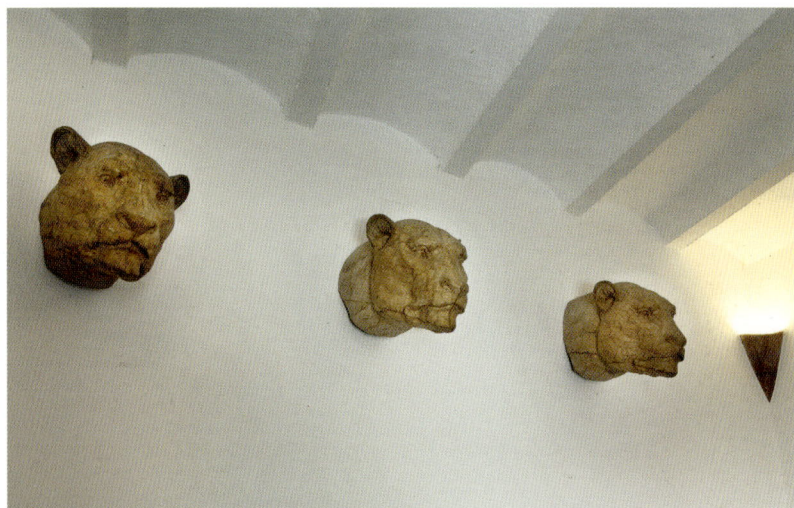

Caps de lleó de cartró, a l'accés a la Cripta.

Dalí, més endavant, va pensar fer construir en aquest espai un monument funerari com el que existeix a la catedral de Nantes, conegut com la «tomba dels carmelites», realitzat per encàrrec de la reina de França, Anna de Bretanya, per acollir les restes dels seus pares. Però en tenir lloc l'incendi, el projecte va quedar en l'oblit.

Malgrat que l'estat de Dalí s'anava agreujant per les poques ganes de moure's i de menjar, l'artista no parlava de la mort. «Els genis no moren mai»[51], li digué a un periodista quan ja estava instal·lat a la Torre Galatea de Figueres. La recerca de la immortalitat era una obsessió de la seva vida. És cert que el 1985 va dir encara als seus íntims que volia ser enterrat a Púbol «amb la cara coberta» i sense flors. Però ja no en va tornar a parlar més, fins que al final del 1988, quan estava ingressat a la Clínica Quirón de Barcelona, i veient ara sí la mort molt a prop, va demanar la presència a la seva habitació de l'alcalde de Figueres, Marià Lorca. Li va dir que volia ser enterrat al Teatre-Museu, sota mateix de la cúpula.

Molts és van estranyar d'aquesta disposició de Dalí, que trencava la idea romàntica dels dos cossos junts, enterrats a Púbol donant-se la mà per sota terra i una vegada més se saltava les convencions. Però hi havia un fil conductor que arrenca de quan Gala i Dalí, el 1968, es van prometre el Castell i el Teatre-Museu com a regals, i acaba amb la conversió dels dos escenaris en llurs panteons: Gala, a la cripta de Púbol, i Dalí, sota l'escenari del vell teatre de la seva ciutat natal, la seva darrera gran obra, en la vertical que travessa pel centre de la cúpula i s'eleva cap al cel. Dues construccions simbòliques, amb unitat de sentit, al servei de l'art i els seus creadors[52].

[51] GENÍS, Narcís; «Aplaudiments per Dalí en el seu retorn a la Torre Galatea després de l'operació», *El Punt*, Girona, 17/07/1986, p. 3.

[52] *Cit. Supra.*, n. 48, p. 52.

Jardinera de B.D. Ediciones inspirada en un original de Lambert Escaler, amb sempreviues.

# EL JARDÍ

**S**ortim ara per la portalada de la façana sud de l'edifici, del 1798, i ens trobem en un petit passeig de plàtans que arrenca al mur de llevant del jardí, des d'on Gala arribava al castell amb el Cadillac o amb el Datsun taronja.

Recordem que Dalí a la seva obra fa referència al jardí, fins i tot al·ludeix a la idea estesa que l'Empordà és un jardí. Fa esment també en la seva creació a l'aigua, al brollador, a la poesia, als ideals de pau i natura. Moltes vegades n'ofereix una visió tòpica.

L'avinguda de plàtans és l'element que articula l'edifici fortificat amb el jardí, que està estructurat a partir d'un camí central principal i dos laterals que distribueixen l'espai en dos sectors, organitzats cadascun a partir de tanques vegetals del vell jardí a la francesa, de l'època dels Barons de Púbol, amb reminiscències d'un jardí català rústic de simetria axial. Una estructura inicial que Dalí, tot conservant-la, va italianitzar de tal manera que ha quedat desbordada per les plantes que els Dalí van escollir al seu moment —xiprers, fruiters, lilàs, baladres, gessamins o xuclamels. No hem d'oblidar que poc abans de descobrir el castell, Salvador Dalí havia quedat fascinat per la màgia barroca dels jardins de Bomarzo, prop de Roma. Passejant per qualsevol dels tres camins que dibuixen el jardí anem descobrint els diferents elements vegetals, escultòrics i arquitectònics, amb què Salvador Dalí decora els diferents espais delimitats per les tanques vegetals. Tots tres ens porten al particular espai de la piscina.

El camí de llevant, el més ombrívol, transcorre per entre els parterres i el mur de tancament coronat per figuerasses, i que el 1983, per tal de poder mantenir la privacitat del pintor, es va fer més alt. Des de l'abeurador per als cavalls dels barons i el petit bosc de baladres, just a l'entrada del camí, es pot gaudir de la falsa perspectiva que fixa la mirada del visitant en la reproducció escultòrica de la *Venus Esquilina* (117-138 d.C.), conservada actualment als Musei Capitolini de Roma. Salvador Dalí és un gran amant de les falses perspectives, la que més li interessava era la del Palazzo Spada de Roma —famós per la perspectiva aconseguida per Francesco Borromini, arquitecte exponent del Barroc—, on en una cruïlla hi ha tres dimensions reals i una de fictícia que és la que presenta més il·lusió de profunditat. Una vegada més es tracta d'enganyar els sentits per poder defugir la dualitat realitat-ficció. En el cas d'aquest «corredor» del castell, l'artista juga amb la línia recta de la paret de tancament, que ens marca el sentit de la mirada, mentre disposa les diverses plantes de manera que a mesura que

Salvador Dalí. Projecte per al jardí de Púbol, *c.* 1970.

Elefant-brollador amb potes d'insecte.

Escultura del jardí.

Rèplica de la *Font dels Lleons* de l'Alhambra de Granada.

Balaustrada amb *trompe-l'œil*.

Elefant-brollador.

s'allunyen de l'espectador, s'apropen a la paret; el resultat final són dues línies que convergeixen en la Venus, convertida en el punt de fuga. L'espessa vegetació del camí fa també la funció d'amagatall dels elefants que es van descobrint a mesura que s'avança, i dels quals, d'entrada, només en veiem les trompes que llencen aigua per refrescar l'ambient a l'estiu.

Per contra, el camí lateral de ponent obre el jardí al paisatge del poble de Púbol, però des d'un punt de vista elevat que dona una posició privilegiada i distant a l'habitant del castell. El camí està amagat rere la glorieta de la terrassa, coberta per les heures i el gessamí, que Gala definia com «un lloc per tenir-hi un col·loqui sentimental»[53]. El passeig ens porta a un dels racons preferits de Gala, a l'ombra d'una vella figuera, mentre es descobreix, entre les tanques i les heures, una rèplica de la *Font dels Lleons* de l'Alhambra de Granada que ens recorda que durant aquells anys Dalí també estava treballant en la decoració de la piscina de la seva casa a Portlligat, on hi trobem una altra rèplica.

L'entrada principal al jardí, però, en un ordre jeràrquic clar respecte a la resta, és el camí central. S'hi entra passant per sota d'una petita estructura de ferro on s'enfila el gessamí i condueix fins a la piscina, emmarcant-ne l'estructura escultòrica principal. A mig camí, en una clariana presidida per dues moreres, hi ha, a banda i banda, dos elefants amb potes de llagosta i peus d'au rapinyaire —recordem que és un element destacat en la iconografia daliniana— que, segons Dalí, juntament amb dos elefants més amagats entre els arbres, «avancen amenaçadorament cap el castell». Una idea fàcilment perceptible a l'hivern des de les finestres del castell i l'eixida. Dels quatre elefants, tots fets de ciment amb una ànima de ferro i lleugerament elevats sobre pedres del cap de Creus, tres van ser fets a l'olivar de Portlligat i transportats a Púbol i un, el que sembla inacabat, va ser fet *in situ*. Si bé els elefants de la iconografia daliniana coneguda porten un

[53] *Cit. Supra.*, n. 48, p. 55.

Banc amb respatller en forma de flor de lis amb *trompe-l'œil*.

obelisc a la gropa, els de Púbol mostren un corb amb les ales esteses, element heràldic de la nissaga dels Corbera, barons de Púbol a principis del s. XV, i de l'escut del poble. Al final del camí, un altre suport metàl·lic amb gessamí dona accés a la piscina.

## LA PISCINA

La primera impressió en arribar a la clariana de la piscina és significativament diferent si s'hi arriba per un dels camins laterals —a través de la vegetació frondosa i de manera no esperada, com si sortíssim d'un amagatall— o des del camí central, on els elements arquitectònics centrals són un preludi de l'espai des del primer moment que hom entra al jardí.

Els treballs d'aquesta zona es van enllestir a la primavera de 1974, en l'època que també finalitzaven les obres del Teatre-Museu de Figueres.

Al voltant de la piscina, hi trobem tres construccions en les quals Dalí va fer pintar uns *trompe-l'œil*, en què se simula el despreniment de l'arrebossat del mur fent visible els maons, també pintats, de la part posterior, per recuperar la il·lusió o la intenció d'empremta del pas del temps.

Al mur del fons, hi destaca el conjunt escultòric de pedra que recorda un templet clàssic, amb una arcada central flanquejada per dues cariàtides que actuen de pilastres. Sota l'arcada hi trobem una font coronada amb les figures d'un nen i un dofí. Tot aquest conjunt provenia d'un jardí particular de Figueres, la ciutat natal del pintor. Novament, apareix el passat des del present i l'ús tan dalinià de restes descontextualitzades d'antigues construccions. Hi ha davant del templet un brollador en forma de cap de rap. A banda i banda, s'hi situen catorze reproduccions escultòriques de diferents tonalitats d'un bust del compositor alemany Richard Wagner per qui Dalí sentia gran admiració.

La piscina.

A l'esquerra d'aquest templet hi ha un banc amb respatller en forma de dues grans flors de lis, emblema que Dalí també utilitza per a la composició d'un dels escuts heràldics del castell. I, a la part del davant de la piscina, una barana amb forma de balustrada actua de línia divisòria entre aquesta zona i el jardí.

Aquest espai és, doncs, concebut com un lloc d'aïllament, un món hermètic on arrecerar-se i dedicar-se a la contemplació. Un espai ple de referències personals que remarca el concepte general que es desprèn de tota la restauració que Salvador Dalí fa del castell: una torre d'ivori en homenatge a Gala, amb un fort component romàntic i simbòlic. El castell transmet un aire proustià, on Dalí analitza amb fruïció cadascun dels seus records i ofereix a Gala instants de sublimació i d'intensa comunicació que sempre hi ha hagut entre tots dos. Aquí Dalí, a més, vol anar més enllà de la representació bidimensional tot mantenint la màgia d'allò real, i sempre deixant espai a l'atzar. Nosaltres, visitants, som convidats en un espai singular, l'espai del triangle dalinià on més se'ns mostra Gala.

Templet de la piscina. | Busts de Richard Wagner.

# CASTELL GALA DALÍ DE PÚBOL

## PLANTA BAIXA I JARDÍ

11
13
12
14
15
A
B
C
A Taquilles
B Botiga
C Pati

## PRIMER PIS

11
10
9
8
4
1
6
3
2
5

## SEGON PIS

7

1 Sala dels Escuts
2 Sala del Piano
3 Habitació de Gala
4 Cambra de bany i tocador
5 Biblioteca
6 Habitació Vermella
7 Les «Gales» de Gala
8 Exposicions temporals
9 Zona de l'office
10 El menjador
11 L'eixida
12 La Cripta
13 El garatge
14 El jardí
15 La piscina

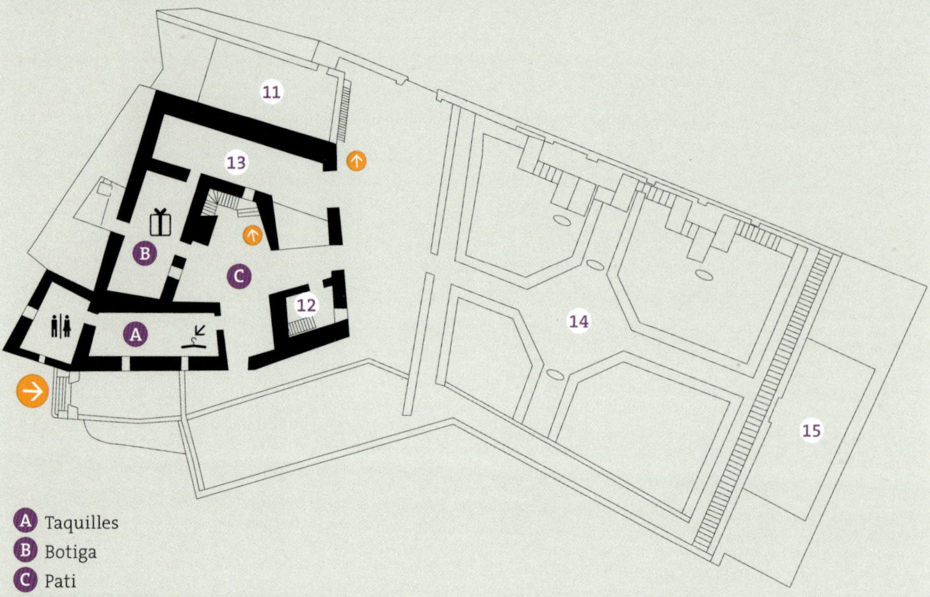

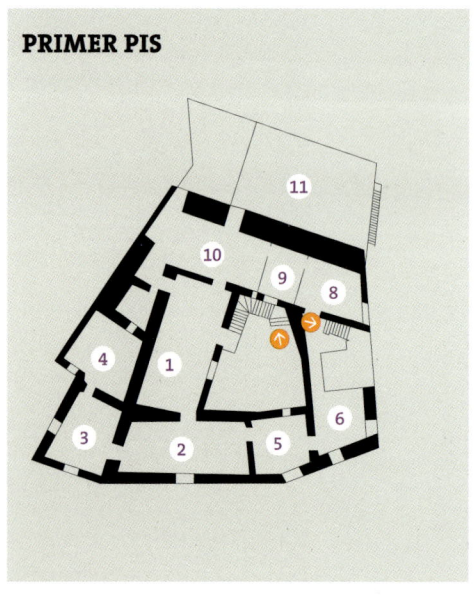

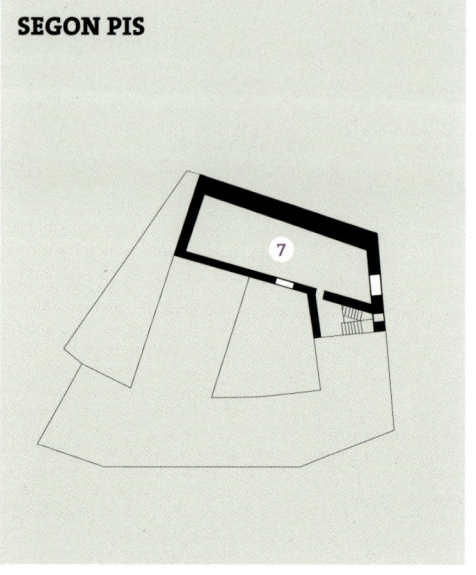

# EL TRIANGLE DALINIÀ

El Castell Gala Dalí de Púbol, s'inclou juntament amb el Teatre-Museu Dalí de Figueres i la Casa Salvador Dalí de Portlligat, en el complex museístic gestionat per la Fundació Gala-Salvador Dalí.

Castell Gala Dalí de Púbol.

Teatre-Museu Dalí de Figueres.

Casa Salvador Dalí de Portlligat, Cadaqués.

**FUNDACIÓ GALA-SALVADOR DALÍ**

TRIANGLE▼BOOKS

**Edita**
Fundació Gala-Salvador Dalí
Triangle Postals, SL

**Direcció**
Jordi Puig

**Direcció artística**
Ricard Pla

**Coordinació editorial**
Joan Manuel Sevillano
Campalans, Gerent
Fundació Gala-Salvador Dalí

Imma Planas,
Triangle Postals, SL

**Text**
© Antoni Pitxot,
Montse Aguer Teixidor, 2019
Col·laboració de Clara Silvestre

**Fotografies**
© Jordi Puig, 2019

Pàg. 17 © Studio 46, Roma
Pàg. 25 © Melitó Casals «Meli»
/Fundació Gala-Salvador Dalí,
Figueres, 2019
Pàg. 87 Horst P. Horst/*Vogue*
© Conde Nast

Drets d'imatge de Salvador
Dalí reservats. Fundació Gala-
Salvador Dalí, Figueres, 2019

**Obres de Salvador Dalí**
© Salvador Dalí, Fundació
Gala-Salvador Dalí, Figueres,
2019

**Fotos d'arxiu**
Centre d'Estudis Dalinians,
Fundació Gala-Salvador Dalí

**Disseny gràfic**
Joan Colomer

**Maquetació**
Vador Minobis

**Correcció lingüística**
Teresa Puig

**Supervisió dels continguts**
Centre d'Estudis Dalinians,
Fundació Gala-Salvador Dalí

**Impremta**
Gráficas San Sadurní

Imprès a Barcelona, 3-2019

**© de l'edició**
Fundació Gala-Salvador Dalí
Triangle Postals, SL

**Dipòsit legal**
Me-98-2019

**ISBN**
978-84-8478-857-7

Aquesta és una segona versió
de la guia del Castell Gala Dalí,
de Púbol. La primera, i impor-
tant, n'ha estat base i suport:
PITXOT, Antoni; PLAYÀ, Josep.
*Castell Gala Dalí: el camí de
Púbol*. Figueres: Fundació Gala-
Salvador Dalí; Barcelona:
Escudo de Oro, 1997.

Així mateix, volem fer cons-
tar la col·laboració important
de Jordi Artigas, responsable
de les cases-museu Dalí, i de
Carme Ruiz, Curadora en cap
del Centre d'Estudis Dalinians.

**Triangle Postals, SL**

Sant Lluís, Menorca
Tel. +34 971 15 04 51
triangle@triangle.cat
www.triangle.cat